U0142479

MOST 科技部 科技部人文及社會科學研究成果推廣叢書
Ministry of Science and Technology

信心危機：
台灣民眾的政治信任
及其政治後果

陳陸輝 ★ 著

序 言

「民無信不立」是我國古代哲人的智慧,也是政治民主化後的台灣,政府治理的重要課題。本書順著此一傳統思維,以現代的調查研究方法,將民眾的政治信任以跨時的研究資料,深入描繪台灣民眾在二十一世紀以來,不同政黨執政期間,政治信任的起源、分布,以及持續或是變遷,並進一步剖析政治信任對於政府治理的影響。

從經驗性的資料針對政治信任進行的相關研究,從 1960 年代美國學者 David Easton 的相關著作即已出現。Jack Citrin 在 1970 年代的研究,也開啟了另一波針對相關主題的研究風潮。從我自美國取得博士學位返回台灣,在政治大學選舉研究中心工作之後,發現選舉研究中心自 1980 年代即針對台灣民眾政治信任,持續進行研究,累積了相當可觀的調查資料。我初步分析之後,發現了非常有趣的現象。簡單地說,政治信任是對決策當局的信心,也是民眾政治支持具體表現的一環。從政治信任來觀察台灣民眾對政府治理的優劣,具有相當的啟發。也因為這個主題在過去鮮少受到國內學者關注,讓我得以針對政治信任的相關主題深入研究,從擔任選舉研究中心的助理研究員一路研究迄今,變成自己學術生涯中最重要的研究焦點以及最豐富的研究產出主題。

本書得以順利完成,要感謝五南圖書公司發行人楊榮川先生對於相關研究領域的長期支持並協助出版,也因為副總編輯

劉靜芬小姐的積極督促與多方協助，讓本書可以順利完成。本書在審查過程中，獲得兩位審查人以及高中老師的寶貴建議與指點迷津，特此致謝。當然，本書在早期醞釀期間，政治大學研發處曾經提供的經費支持讓我得以沈澱以及整理研究脈絡，也在此致上無限謝意。本書使用的部分資料，來自臺灣民主基金會以及中央研究院人文社會科學中心政治思想研究專題中心，在此一併感謝。

雖然從事學術研究多年，也編譯過多本學術專書，但本書卻是我自己獨力完成的第一本專書，所以要將本書獻給我已經逝去的　父親大人以及　母親大人，沒有他們兩位對我多年辛苦的養育及栽培，我是不可能有今天的一切。此外，我的三哥陸光，一直用各種方式支持我走上學術研究之路，他不但是我的手足也是我最好的朋友，非常感謝他長期且絕對的支持。當然，也特別感謝愛妻嘉雯，她在本書的撰寫過程中，於我忙碌之際，分擔陪伴小兒禹寰的甜蜜負擔。生命中還有很多其他師長、同事與好友在我低潮時分憂解勞，在我開心時共享佳時，讓我的學術研究生活，多元而有趣，在此也要感謝他們。

儘管本書在資料的取材與分析上力求嚴謹，不過，囿於本人有限的學力，疏漏之處在所難免，尚祈各方先進，不吝賜教。

陳陸輝

目次

第一章

緒論

　　子貢問政。子曰：「足食。足兵。民信之矣。」子貢曰：「必不得已而去，於斯三者何先？」曰：「去兵。」子貢曰：「必不得已而去，於斯二者何先？」曰：「去食。自古皆有死，民無信不立。」

———《論語‧顏淵》第十二

　　民眾對於政府的信任，是任何政權正當性的重要基礎。權威當局的政策產出或施政績效與民眾的期望相近，人民自然對於政治權威具有相當程度的信任，也樂於給予執政當局適當的施政裁量空間。相反地，當權威當局施政績效與民眾預期出現重大落差時，人民一旦不信任權威當局，他們給予執政者的自由裁量權也相對地縮小，且會處處限制執政者，以確保自身的利益不受執政者侵犯。

　　台灣自 1990 年代以來，歷經了民主轉型的重要歷程。從 1992 年立法院的全面改選、1996 年由公民直接選總統、2000 年總統大選，中央政權首次出現政黨輪替以及 2004 年陳水扁總統以及呂秀蓮副總統在選前一天遭遇「319 槍擊事件」，並驚險贏得連任。在 2008 年馬英九先生贏得總統寶座之後，台灣歷經了第二次政黨輪替，他在上任之後，大舉展開與中國大陸的各項交流，並在 2012 年順利取得連任。不過，因為在 2014 年 3 月爆發的「太陽花學運」，讓國民黨在 2014 年的地方選舉大敗，並在 2016 年由民進黨提名的蔡英文女士贏得總統選舉，使台灣歷經第三次政黨輪替。整個民主化的歷程，不但為民主轉型與民主鞏固的學者所關注，更與生於斯長於斯的

民進黨總統參選人蔡英文女士在台中的造勢活動。

台灣地區民眾密不可分。值得探討的問題是：台灣地區民眾在經歷過去 20 多年的逐步全面開放的選舉競爭以及傳播媒體開放的自由環境，其對於政府的信任感，如何變化？民眾對於執政黨的好惡以及執政黨整體經濟的表現，是否會影響其政治信任？除此之外，對台灣而言，民眾的政治信任與其投票行為之間，是不是具有重大的關聯，也頗值得注意。在民主鞏固的相關研究中，除了制度的設計以及政治菁英之間對於遊戲規則的遵守之外，民眾對於權威當局的信任與否，更是民主政體順利運作不可或缺的重要因素。這些重要的議題，不但是關心台灣民主政治發展的學者所關注，更是本書想回答的問題。

　　本書將運用 2004 年以來的調查研究資料，檢視 21 世紀以來台灣民眾**政治信任**（political trust）的定義、起源、持續與變遷，分析政府施政表現以及民眾對於國內主要政黨表現評價

的好壞，對民眾政治信任的影響。此外，本書也將檢視民眾政治信任的後果，並分析民眾政治信任的高低對於執政黨提名候選人的支持程度，是否有顯著的影響。而有關政治信任的重要討論之一，即是**政治信任的高低，對於民主政治的運作是否會產生影響**，本書也將解析民眾政治信任程度，對於政治抗議活動的參與意向，以及對台灣民主運作的評價的可能影響。本書將分為七章，除了本章之外，將在第二章對政治信任的定義、緣起與政治後果，做詳細的討論，也會討論本書的研究資料與方法；第三章則分析政治信任的起源，從國內外不同學者的研究成果，解析台灣民眾政治信任的緣起；第四章則分析政治信任的政治後果，檢視其對民眾施政評價、選舉支持以及民主價值的影響；第五章則進一步討論政治信任對民眾參與政治抗議活動的影響；第六章轉而提升政治信任的理論層次，討論政治信任與政治支持之間的關聯；第七章總結本書的研究發現，並進一步討論，在民主轉型後的台灣，影響民眾政治信任的動力及其對於台灣民主政治健康運作的可能影響。

第二章

省思政治信任：
定義、緣起、變遷與政治後果*

- ◎ 壹、政治信任的定義
- ◎ 貳、政府信任的測量
- ◎ 參、政治信任與政治社會化
- ◎ 肆、政治信任的持續與變遷
- ◎ 伍、政治信任與政治支持
- ◎ 陸、政治信任與政治參與
- ◎ 柒、以實證資料檢驗理論

* 本章部分內容，取自陳陸輝，2011，《台灣民眾政治支持的研究：概念、測量與應用》，行政院國家科學委員會專題研究計畫成果報告，第一章。內容經作者適度修正並新增部分內容而成。

　　本章主要在於檢視國內外政治信任研究的相關文獻。民眾對於政府的支持與信任，既是政權正當性來源的重要基礎，也是任何政體順利運作的重要保障。國內外學界對於政治信任這個重要議題相關的研究成果如何？**本章將從政治信任的定義、緣起、變遷以及政治後果等四個大方向，系統性地整理國內外相關研究。**

壹、政治信任的定義

　　政治信任是民眾對政府的「**信念**」（faith），民眾認為：即使我們不加以監督，政府也會為民謀福利。Easton（1975）即指出：民眾對權威當局的政治支持即是**政治信任**（political trust）。Easton（1975: 447）也引用 Gamson（1968: 54）的定義，將信任定義為「*即使未加關照，政治體系仍然會產出可欲的成果。*」因此，當執政當局能夠照顧民眾的利益、滿足民眾政策需求、獲取民眾信賴，即可贏得民眾的信任。從 Easton 與 Gamson 的觀點來看：民眾的政治信任是「目的導向的」（object-specific），政府政策的制訂、執行須滿足其成員的要求，才會獲得成員的信任。而 Stokes（1962: 64，轉引自 Hetherington, 1998: 791）則強調，政治信任為民眾對於政府評價性的基本取向。其評價的標準一部分是倫理上的，例如，對於官員的誠實程度的評價。不過，這些評價也擴展到其他能力，諸如政府官員的能力、效率以及他們決策的正確性。Stokes 所定義的政治信任是從規範性的民主理論角度出發，強

調政府的政策產出必須滿足人民的需求，並強調政府官員的能力以及操守。因此，政治信任一方面是人民對於政府施政結果客觀的評價，一方面也可能反映了人民對政府在情感上的好惡。Gamson（1968: 44）指出，就政府官員而言，人民的信任與否和其施政的自由裁量空間兩者之間的關係相當密切。當人民對執政者有較高的信任，會給執政者未經人民同意即可先行自由地運用有限資源的空間，使其更有效治理。從上述學者的觀點，我們發現民眾的政治信任高低影響他們給與政府自由裁量政策空間的大小，當信任高，民眾對政府設限較少，給政府有較大的自由裁量空間，推行政策。不過，當政治信任低，政府執政的正當性受到質疑時，所能推動的空間就受到大幅的限縮，甚至是不敢有所作為了。

有信任，才會贏。

如果跳脫代議政府的治理範疇，我們也可以轉從社會學的角度來談政治信任。Sztompka（1999: 25）認為，信任可以定義為：「對於他人未來可能行為的賭注」，此涉及信念與承諾。信念（beliefs）指的是對於未來的預期，即 Good（1988: 33）所說的：「信任建立在對他人於未來特定場合將如何表現的個人信念（individual's theory）。」如同 Luhmann（1979: 10，轉引自 Sztompka, 1999: 26）的看法：「信任是對未來的預期，就是表現得好像未來是確定的一樣」。這些信念，都是指向他人未來的行動（Sztompka, 1999: 26）。例如，台灣民間社會的「標會」，就是建立在信任的前提上，大家集資先將金錢借給每期標會最需要的人，在未來，也相信這些已經拿走大家會錢的民眾，會按期還款。其次，信任是以行動來表達承諾（commitment），有點類似下注一樣。套用 Dasgupta（1988: 51）的想法，他認為「信任」是指自己「在對他人行動加以監督之前，自己即選擇以行動來承擔對他人行動的正確預期。」換言之，我們在他人採取行為前，就必須先以具體行動（的承諾）來表達對於他人未來可能完成特定行為的信任。以個人投資為例，我們願意購買某一家上市公司的股票，就是我們提供了金錢給該公司的經營者，並預期他們會盡責經營公司，為股東們謀福利。又以選舉為例，選民投票支持特定候選人時，並無法事前預知該名候選人當選後是否會照顧其利益或是好好擔任該職務。儘管如此，選民還是以「投票支持」的動作，來表達自己對於該候選人未來將會努力工作的信任。政治信任也建立在對於政府未來施政將會滿足民眾需要的預期上。換言之，

民眾可以先以行動支持特定政黨，以預期該黨執政後在施政上會照顧自己的福利。

本書認為：**政治信任是民眾對於政府善治的信念，民眾相信，即使不刻意予以監督，政府也應該自動自發完成民眾託付的工作，達成民眾對其執政的期望。**因此，Hetherington（2005: 9-10）將政治信任定義為：「*民眾認知（perceive）的政府施政結果與民眾期望間一致性的程度。*」其中，民眾所認知到的現象是重要的關鍵。換言之，政府「客觀的」各項施政表現指標固然重要，但是，民眾「主觀上」對該施政成果的認知與具體感受度，是影響民眾對政府信任與否的決定因素。因此，從 Hetherington 的觀點出發，我們應該將民眾的政治信任視為政府客觀施政表現與民眾主觀認知的結合，且它可能會持續或也可能出現變化。**當民眾主觀上認為政府施政表現符合期待時，其政治信任自然提高；相對地，民眾對於政府各項表現失望時，政治信任自然下滑。**政治信任感所指涉的既是民眾的主觀認知，則民眾政治信任的高低自然與其自身的黨派立場以及對政黨的好惡有所關聯，換言之，不同政黨立場或是不同政策偏好的民眾，特定政黨執政時，其政治信任即出現變動。例如，在民進黨執政下，民進黨認同者較國民黨認同者自然會給予政府較高的信任。

貳、政治信任的測量

雖然以上說明了政治信任的內涵，不過，在實證研究中，

我們必須找到適當的研究工具，來測量民眾的政治信任。有關政治信任的測量方式，政治信任這個概念與 Easton（1965; 1975）所提出的**政治支持**（political support）兩者之間有重疊之處。政治支持的對象，可以分為政治社群、典章制度到權威當局等三個層次。所謂**政治社群**（political community）是所有成員所在的具備政治分工的共同體，它可以是一個國家，也可以是一個自治的部落。至於**典章制度**（regime），指的是該共同體的行為規範，可以包括成文或是不成文的憲法與相關的憲政制度。至於**權威當局**（political authorities）指的就是執政當局或是執政者，它擁有法定權力可以行使法律權力或是政策命令。其中民眾對權威當局的支持即為政治信任指涉的標的。當然，政治信任也可以就統治的層級分為對中央或是地方政府的信任，當然也可以就權力分立的角度，從行政部門、民意機關到司法機構或是上述機構的成員。至於信任的內涵，則可包括政策制訂的能力、行政效能、言行值不值得民眾信賴、操守好不好以及是不是謀求一般民眾的福利等面向。

在美國有關政治信任的測量上，長期使用的測量題目，是以「政府」（"the government in Washington" 或是 "the government"）、「政府官員」（"people in the government" 或是 "the people running the government"）為對象，詢問民眾認為政府「做事正不正確」、「會不會浪費民眾所繳納的稅金」、「只顧自己的利益還是照顧全體人民的利益」，以及政府官員的能力以及操守等問題。[1]

台灣在選舉政治的民調領域中，利用政治信任的概念予以

測量者主要以政治大學選舉研究中心以及「台灣選舉與民主化調查」（Taiwan's Election and Democratization Study, TEDS）為主。自陳義彥（1993）主持的第二屆立法委員選舉的研究中，選舉研究中心持續使用以下六個題目測量民眾的政治信任：

1. 「**決策正確**」：政府所做的事大多數是正確的。
2. 「**浪費稅金**」：政府官員時常浪費老百姓所繳納的稅金。
3. 「**重視民利**」：民眾認為政府決定重大政策時，會不會把「民眾的福利」放在第一優先考慮的地位。
4. 「**相信發言**」：相不相信政府首長（例如：總統、院長、部長）所說的話。
5. 「**長遠規劃**」：政府做事情是不是有長遠的規劃。
6. 「**官員廉潔**」：相不相信政府官員的清廉。

　　這六個題目詢問民眾對於政府官員政策制訂與規劃能力（制訂政策時會不會考量民意、做事是不是欠缺長遠的考慮）、政府官員的誠信度（在電視上的發言可不可信、做事是不是大多數是正確的）以及政府官員的操守（會不會浪費老百姓的稅金以及清不清廉）等三個面向的評價。在實際分析時，除了一一探討民眾對於政府官員在上述三個面向、六個題目的態度分布之外，還可將上述六個題目組成一個政治信任感的量表，分析影響民眾政治信任感高低的因素。不過，由於從 2001 年到 2016 年 TEDS 研究團隊持續採用的題目只有前三題，因此，本研究在後續的章節使用 TEDS 的資料時，將以前

三題作為主要的分析對象。

參、政治信任與政治社會化

　　影響民眾政治信任的因素眾多，除了上述執政當局的表現之外，另一個重要因素當屬民眾政治社會化的過程。透過政治社會化的過程，上一個世代的民眾或是整體社會，將其價值觀念傳遞給下一個世代，而新的世代也透過政治學習的過程，習得社會的價值規範與行為模式。對執政當局信任與否的態度，也屬政治學習的一環。

　　儘管政治信任可以透過世代間的政治社會化而有所延續，不過，Abramson（1983）指出：不同的政治世代或是年齡層，他們在政治信任上是具有重大差異的。Abramson 的分析發現：在不同的政治世代中，年輕的政治世代似乎比年長的政治世代，有較高的政治信任感。換言之，Abramson 分析美國早期的發現，可能與我們對不同世代的想像有所不同。我們通常認為年輕人較具批判精神，也自然對政府的信任較低。不過，在 1980 年代的美國情況似乎並非如此。除了年齡外，性別也有重要差異。Jennings 以及 Niemi（1981）分析「家長與學生」兩波針對相同樣本群進行多次訪問的**定群追蹤研究**（panel study）時發現，在 1965 年時的學生之政治信任感比家長來得高，不過，到了 1973 年時，卻出現轉變，其中，男學生的政治信任感比其父親來得低。雖然，女學生的政治信任感也降低

許多，不過，仍然比家長高。就性別與世代的差異而言，學生家長中，男性的政治信任感較高，而學生的政治信任感卻是男性較低。Jennings 與 Niemi 認為，面對 1960 年代的各種學生運動、社會運動與反戰運動，男學生相較於女學生，更容易受當時社會現實的衝擊而對於現狀不滿以及對執政者不信任。

現在的民眾勇於表達不滿的意見。

除了不同的性別、世代之外，在有族群問題的美國，不同族裔的政治信任有著重要的差異。Abramson（1983）指出：白人中具有大學以上教育程度者的政治信任感，是比其他教育程度的政治信任感來得高。不過，黑人的情況則不同，也就是教育程度愈高，對於政府愈不信任。因此，在美國的發現是：年長世代政治信任感相對較低，但年輕男性的政治信任感最低。白人的政治信任感較高，教育程度較高者的政治信任感也

較高，但是黑人具有大學教育者政治信任感較低。因此，不同性別、世代、族裔，他們的政治信任感具有重要的差異。

　　除了上述因素之外，不同的職業類別會不會有重要的差異，我們也希望瞭解。在陳陸輝與陳映男（2012）分析台灣民眾的政黨基礎時，他們發現了一個有趣現象：在 1996 年的農林漁牧業者在政黨認同上是支持國民黨的，不過，在 2000 年變得並不特別支持，而到了 2004 年則轉而持續支持民進黨迄今。這當然可能與兩岸經貿交流的過程中，有些部門預期將獲利（例如服務業），而有些部門預期將受害（例如農林漁牧業）有關（耿曙、陳陸輝，2003）。因此，如果從社會學的角度切入，**一個人的政治偏好是社會決定的**，那麼，一個人職業其實反映了他所接收資訊的社會脈絡，自然也可能影響他們的政治信任。

　　在本書的第三章中，我們也將從政治社會化的角度，檢視不同性別、政治世代、教育程度、省籍、職業、政黨傾向以及統獨立場的民眾，他們在政治信任上的差異。

肆、政治信任的持續與變遷

　　從上述的文獻分析我們得知，政治信任是民眾對於政府官員施政評價以及信任程度的重要指標，不過，在美國的研究中，自從相關政治信任的測量方式被提出來後，卻發現美國民眾的政治信任感是一路下滑。Abramson（1983）、Alford（2001）、Blendon 等 人（1997）、Hetherington（1998）、

Rosenstone and Hansen （1993）、Chanley（2002） 以 及 Orren
（1997） 運用「美國全國選舉研究」（American National
Election Study, ANES）的資料展示，在 1958 到 1996 年之間，
民眾的政治信任感快速下降。以美國白人為例，在 1958 年
時，相信政府所做的事情大多數是正確的比例為 74%，並在
1964 年上升到 77%。不過，從 1964 年之後，這個比例就開始
下降，到了 1980 年時下跌到 25%。在雷根擔任總統的期間曾
經反彈回到 44%，隨著伊朗軍售醜聞的爆發、1992 年國會的
相關弊案以及 1994 年共和黨控制了國會的多數，民眾的政治
信任感在該年跌落至歷史新低的 21%。[2] 因此，**政府的醜聞對
於民眾的政治信任感是一大打擊**；不過，**當國家面臨重大危機
時，民眾的政治信任感似乎又有急遽上升的跡象**。就台灣地區
而言，政治民主化之後，傳播媒體報導的資訊更加開放與多
元，因此，有關執政黨與金權掛鉤的相關報導時有所聞，這個
情況，對於民眾的政治信任，一定會有相當的影響。

　　對於民眾政治信任的變化，學者也從不同角度提出解釋因
素。Easton（1965: 201-3）認為，有三種情況會讓體系成員的
支持下滑。首先是政府沒有呼應民眾的需求，擬定具體政策；
其次則是政府未具前瞻的眼光，提出防範的政策；第三則是，
儘管政府執行特定政策來呼應民眾的需求，不過，政策產出的
結果卻未符合民眾的需求。對於第一項原因，應該是較顯而易
見，例如，當某國的民眾希望政府對於食品安全能夠善盡監督
的責任，如果政府對於相關的法規以及檢查人力無法具體配合
或是提升，讓食安問題層出不窮，必定招惹民意的反彈。又如

台灣小吃臭豆腐需用許多油，如果油的來源有問題，將會影響健康。

果一個國家的人口持續萎縮，但是政府並沒有前瞻性地提出具體的獎勵生育以及幼兒托育的配套措施，自然會影響民眾對政府的信任。至於第三項，則與政府的政策執行相關。如果政府編列大筆預算並提出政策要振興經濟，卻因為規劃不足執行不力，讓經濟情勢無法有效改善，也會招致民眾不滿。

　　Easton（1965: 251-6）在討論如何減緩成員政治支持下降而造成體系的壓力時，特別指出，代議制度是可以將民眾需求向權威當局反映，因此適當的制度設計是增加體系成員對體系支持的重要方法。Kornberg 與 Clarke（1992: xiv-xv）認為，民眾對政治體系的支持，起源於政治社會化的過程以及對於主要政治機構與程序之運作的工具性評價（instrumental judgments）[3]。其中，個人價值、團體認同以及民主規範與價值屬於社會化的經驗，而政治體系運作的效能與「平等公正」（equity-fairness）屬於後者。社會化經驗與個人對政治

體系的支持與信任密切相關，而對於政治體系工具性的評價則對政治體系中權威當局的支持密不可分。Kornberg 與 Clarke（1992: 6-7）認為，民主國家中，民眾對政治體系的支持與信任，取決於他們認為國家對其公民權利保障的紀錄。當民眾認為政府公平或是平等地對待他們，民眾才會給予政治支持。Hetherington（1998）的研究發現：民眾對於總統或是國會的評價好壞、對政府效能的評價以及對總體經濟表現的評價，皆會影響民眾的政治信任。除了政策的實質內容之外，Hibbing 與 Theiss-Morse（2001）指出：當民眾愈傾向認為一般大眾可以參與政府過程時，他們對政府的滿意度也愈高。所以，政策制訂的過程中，民眾可參與程度以及政策制訂的結果好壞，都對於政府施政滿意度有相當的影響。因此，政府的施政表現以及民眾對於政策制訂過程的參與程度，都會影響民眾的政治信任。

公投是民眾參與政策的一種方式，英國的脫歐公投即是一個最顯著的例子。

　　但是，當西方民主國家看見民眾的政治信任逐步滑落，所引起關注的另幾個問題，就是：造成政治信任低落的原因是什麼？低落的政治信任會不會對民主政體的正當性造成挑戰？針對政治信任下滑的可能成因，Feldman（1983）認為，美國民眾政治信任的低落，主要是因為民眾對於現任民選官員以及制度的不滿所致。其中，**民眾不滿國會，是導致政治信任低落的主要原因**。這樣強調代議制度失去民眾信任的研究觀點，雖然與前述 Easton 的論點有所差異，但是，民主國家的民眾對國會印象低落，卻似乎是一個重要的趨勢（Dalton, 2004）。Hetherington（1999）更進一步指出：政治信任對於民眾投票給執政黨提名的候選人，有顯著的影響。換言之，政治信任愈高的民眾，愈傾向支持執政黨提名的候選人。不過，更值得注意的是，政治信任較低的選民，較傾向投票給美國兩大政黨以外的獨立候選人。Kaase 與 Newton（1995: 92-94）分析八個歐洲國家的研究也發現：民眾認為政府的政策立場與自己愈相近，則其對於該國民主政治的運作愈滿意。而在民眾對於政府政策或是政府制度的支持上，Chanley（2002）指出，當民眾的政治信任感高時，對於擴大政府支出的態度也是正面的。Scholz 與 Lubell（1998）則指出，民眾的政治信任感與其誠實納稅之間具有正向相關。

　　從上述的文獻可以發現：除了選民個人的政治傾向外，**政府施政成果是影響民眾政治信任程度的重要因素**，且民眾對於政治過程的參與情況，也左右其對政府的信任程度。因此，檢視政治信任的動態變化過程，讓我們瞭解：民眾的政治信任

感，揉合了其對於政府施政的評價，更加入了他對於治理過程能否參與的程度，因此，是一個測量民眾對執政當局評價的重要指標。

至於政治信任的低落，會不會對於民主政治的實際運作，產生不良的政治後果，學者之間也有不同的看法。Miller（1974: 951）認為低落的政治信任顯示民眾對於國家政策制定的方向並不滿意，這個看法後經 Kaase 與 Newton（1995）的研究支持。不過，Miller 進一步地指出，低落的政治信任會影響民主政體的生存。Citrin（1974）則反駁，他認為低落的政治信任只是民眾對於現任民選官員的不信任以及其制定政策的失望。Citrin 與 Green（1986）也認為，民眾低落的政治信任其實給予新的民選官員一個改革的契機，民眾政治信任的高低起伏，不受民眾對於政府應作應為評價的影響，而是繫於他們對於政府所作所為的評價。因此，Citrin 與 Green 對於政治信任下滑的可能影響，似乎是抱著較為正面的看法，而不似 Miller 一般憂心忡忡。近年的研究，如 Norris（1999）與 Dalton（2004）都發現了西方民主國家的民眾政治信任低落的問題，Norris 認為，**政治信任低但是卻支持民主制度的批判性公民（critical citizens）之存在**，對於施政的監督也許不是一件壞事，而 Dalton 則認為，政治信任低落雖是民主的挑戰，但更是民主的機會。

國內對於政治信任持續與變遷的相關研究，可以歸類為幾個主軸。首先為持續追蹤台灣民眾政治信任的分布與變化趨勢。陳陸輝（2002、2006、2007）運用 1992、1995、1998 年、

信任低但支持民主體制的批判公民是政治進步的推手。

2001 年以及 2004 年等五次立委選舉後的面訪資料發現：自
1992 年到 1998 年之間，民眾政治信任逐年下滑。雖於 2001
年中央政權政黨輪替之後，出現短暫的止跌，卻在 2004 年跌
到十幾年來的最低點。其次，則為探究影響台灣民眾政治信
任的因素，研究發現：政治世代、教育程度、政黨認同、統
獨立場（陳陸輝，2002；2007；鄭夙芬、陳陸輝、劉嘉薇，
2005）、對執政黨表現的評價以及對總體經濟的評估（陳陸
輝，2003；2006）、省籍、台灣人／中國人自我認定、民眾
對於政府選舉及公民投票過程、對於 2004 年總統選舉正副元
首槍擊事件處理的滿意度（鄭夙芬、陳陸輝、劉嘉薇，2005）
都是左右台灣民眾政治信任的重要因素。第三個研究焦點，著
重於討論政治信任的政治後果，1992 年到 2004 年間的五次立
委選舉顯示：台灣民眾的政治信任與其對執政黨的選舉支持之
間有重要的關聯，政治信任愈高，愈傾向支持執政黨（陳陸
輝，2002；2006）。此外，民眾的政治信任也與其對民主政治
的評價或是展望有重要的關聯。政治信任愈高的民眾，對台灣
民主政治實施的展望或是對民主政治的評價愈樂觀（陳陸輝，

2003；2006）。最後一類研究，則聚焦於政黨輪替對政治信任的影響，陳陸輝（2002）發現台灣民眾2001年的政治信任較1998年來得高，且民進黨認同者的政治信任顯著提升，國民黨認同者則並未顯著下降。盛治仁（2003）發現：國民黨認同者在政權輪替之後，對於四項有關政治信任的相關問題，都出現信任感降低的趨勢，不過，民進黨認同者則在六項政治信任的測量上都出現上升的現象。因此，目前台灣政治學界所使用的政治信任的測量，主要是捕捉到民眾對於權威當局的評價。

　　從上述國內外的分析中可發現：民眾的政治信任高低是一個動態的過程，當權威當局有所變化，民眾評價的標的物不同，自然影響其信任程度的高低。當然，這一方面，民眾自己的政黨傾向有重要的影響。另一方面，政治信任是具備一定的政治後果的。民眾政治信任的高低，將會影響到他們對於執政黨與執政者的信任程度，自然也會放寬或是限縮執政者施政時自由裁量的空間。此外，民眾的政治信任程度既是執政黨施政表現的晴雨表，自然也影響民眾在選舉中對執政黨提名候選人的支持程度。除此之外，民眾的政治信任，會不會影響到他們對於台灣民主未來發展的信心？也是一個重要的理論關注。本書認為：民眾的政治信任具有一定的政治後果。因此，政治信任高低勢必對於執政黨滿意度、總統投票的投票抉擇以及對民主政治的滿意度的影響。這一部分的分析與討論，我們將在第四章呈現。

伍、政治信任與政治支持

　　上面提及 Easton 提出了政治支持的三個層次，後續學者再予以精緻化或是具體化定義政治支持，其中，最值得注意的當推 Dalton 的研究。Dalton（1999; 2004）有系統地依據 Easton 的概念加以整理與操作化，並提出相關的概念以及可以具體操作的變數。Dalton（1999）早先的著作開始思考此一問題，後在其 2004 年的專書中，他將此一架構非常有系統地加以呈現。他對政治支持的分析層次，與 Easton 相同，分為政治社群、典章制度以及權威當局三個層次。不過，從表 2-1 中可以發現：他也在各層次上進一步區分為評估的以及情感取向的兩個面向。就評估的面向（evaluative aspect）而言，他是指當民眾看到政府政策輸出符合其利益則給予支持。此外，他也

表 2-1　民眾政治支持的類型

分析層次	評估	情感取向
政治社群	最適合生活的國家	國家榮耀感 國家認同感
典章制度 　原則 　規範與程序 　制度	 民主是最好的政體 權利的評估 滿意民主程序 制度表現的判斷 產出的預期	 民主價值 政治權力 體系規範 參與規範 機構信任程度 政黨政府的支持
權威當局	候選人評估 投票支持	對政治人物的信任 認同政黨

資料來源：Dalton (2004: 24, Table 2.1).

將政治支持包含感性情感（affect feeling）的情感取向。他認為，Almond 與 Verba（1963）在討論民眾對於政治體系的歸屬感是屬於此一層面，而這種歸屬感是從早期社會化過程獲得的。因此，Dalton 認為依照 Easton 的分類，評估面向的政治支持屬於特定的支持，而情感面向的屬於廣泛的支持。

　　我們將 Dalton 上述的區分列於表 2-1，在該表中，民眾對於第一個層次的政治社群中，在評估的面向上是請民眾評估所處在的政治社群是否為「最適合生活的國家」。另在同一政治社群層次的情感取向的政治支持上，則以國家榮耀感與國家認同感為主，這是以民眾在情感上對政治社群認同強弱為依歸。Dalton（2004: 44）也認為這與 Almond 與 Verba（1963）在上述討論對體系歸屬感的「體系好惡」（system affect）有關。

　　至於在第二層次的典章制度上，他又區分為原則、規範與程序及制度三個類別。在評估面向上的原則層面，他請受訪者評估「民主是否為最好的政體」；在規範與程序上，Dalton（2004: 39）以對民主程序的滿意程度為主要測量。典章制度的制度層面的評估面向，Dalton 則是以民眾對於制度產出的判斷與評估為焦點。至於在典章制度的情感取向上，Dalton 在其原則的層次上分析民眾「民主價值」的分布，以自決（self-determination）、參與以及表意自由為主要測量（Dalton, 2004: 42）。在規範與程序上，他以對於弱勢團體權利的重視以及容忍，都是對於政治權利與參與規範評估的重要指標。而在制度的類別上，Dalton（2004: 35-39）整理民眾對於國會、行政部門以及司法等三個機構的信任情況以及民眾評估「政府

是否只會關切利益團體的利益還是人民的利益」等兩個層面。

　　在政治支持的第三層面是對權威當局支持的測量。在評估的面向上，我們可以從表 2-1 中發現：相關測量似乎成為選舉中民眾對於主要候選人的評估以及投票支持的情況，這與投票行為討論的候選人因素或是投票行為有所重合。而在情感的取向上，Dalton（2004: 25-31）運用密西根大學調查研究中心有關政治信任的測量，檢視民眾對於一般政治人物或是政府官員的信任程度。此外，他也運用類似外在政治效能感中，有關政治人物會不會在乎民眾想法的測量，比較分析各個西方民主先進國家的變化趨勢。此外，Dalton（2004: 31-34）也納入政黨認同者分布的比例，討論民眾在對權威當局的情感取向。

　　就本研究而言，我們在後續的章節將討論政治信任的政治後果時，自然與 Dalton 提供的分類息息相關。本書將在第四章將分析政治信任對於施政評價、選舉支持以及民主價值的影響。而在第六章，我們將整合政治信任與政治支持，從政治信任的角度出發，檢視它對於不同層次政治支持的影響。

陸、政治信任與政治參與

　　政治信任既是對政府的信念，因此，當執政者無法提供民眾想要的經濟繁榮或是社會和諧，民眾可以透過各種不同方式表達其不滿，甚至在定期選舉中，讓執政者下台。不過，民選政府官員的很多職位都有固定的任期，當任期未滿，民眾如何表達對官員的不滿呢？也許民眾會透過各種不同的政

治參與方式，適當的表達其想法。Dahl（1998: 37-8）認為一個民主國家必須提供公民以下幾個機會，包括：**有效參與**（effective participation）、**投票平等**（voting equality）、**明確瞭解**（enlightened understanding）、**議程控制**（control of the agenda）以及**廣納民眾**（inclusion of adults）等。郭秋永（2001：10）則認為，「『**民主政治**』這一概念的共同核心，**就是政治參與**」。因此，在民主國家中，研究民眾的政治參與就成為探索其民主健全或是鞏固程度與民主運作良好與否的重要課題。學者以負面表列的方式指出：民眾「不」參與政治，是因為他們不能參加、不想參加，或是沒人找他們參加。換言之，當他們有時間、金錢或是政治技巧的資源；他們對政治有興趣或是有相關的知識；或是有人組織動員他們，他們就會參與政治（Verba, Schlozman, and Brady, 1995: 15-16）。民眾參與政治的行動背後，需要具備相關政治態度。其中，對於參加需要積極投入的示威抗議行動，民眾的政治效能感與政治信任更為重要。依照 Campbell 等人（1954: 187）的定義，**政治效能感是人們認為「個人的政治行動對於政治過程是有影響或是可以產生影響的」**。[4] 儘管政治對許多人而言，是複雜或遙遠的，不過，因為個人的參與能力不同、擁有資源各異，使得有些民眾會認為，他們熟稔政治的運作，也對政府官員或是政策決定具有影響力。因此，政治效能感所要探討的，正是一般民眾自我認知對政治的瞭解或是影響能力（Campbell et al., 1960）。

　　我們在第五章以民眾的政治效能感、政治信任進行交叉分

類，並提出民眾政治傾向的四種類型，來進一步分析不同類型的民眾他們對參加示威抗議或是上街表達對政府支持的差異。本研究略微修改美國學者 Finifter 提出的類型，運用本書的主要變數，政治信任與政治效能結合，建構表 2-2 的四種類型。在表 2-2 的左上角：政治信任感低且政治效能感低的民眾，為**政治疏離型（alienated）**，表示其對於執政當局的不信任且不認為政府對於其試圖影響決策的努力會有所回應。雖然政治疏離者常被視為自外於既有政治體系，而有可能採取較為激烈的革命手段，不過，Berelson 等人（1954: 326）卻認為在政治體系中存在一部分對**政治疏離的民眾**，實際上反而有助於政治決策的執行。至於右上角的**政治抗議型**民眾，其政治信任低，卻認為政府對其需求會有所回應，因此，如同 Finifter（1970: 407）所言，這一群民眾當為**政治改革的重要動力**。至於政治信任高但是效能感低的民眾，依照 Bobo 與 Gilliam（1990）的定義，其為**政治順從（political obedient）**的民眾，對於政府的政策輸出相當信任，而不求積極影響決策，是政府消極的支

表 2-2　民眾政治傾向的四種類型

		政治效能感	
		低	高
政治信任感	低	政治疏離	政治抗議
	高	政治順從	政治忠誠

說明：本表分類格式係依據 Finifter（1970: 407）與 Bobo and Gilliam（1990: 387）的討論建構，經作者改寫而成。

持者，也是俗稱的「順民」。至於政治忠誠（political loyal）的民眾，積極投入政治且信任政府政策輸出，是任何政權最主要的支持者。

　　本書的第五章，將運用上表中結合政治效能感與政治信任而建構的四種政治傾向類型，討論不同類型民眾在政治抗議活動的參與情況。

柒、以實證資料檢驗理論

　　本書後續的章節安排，將先探索台灣民眾政治信任的變化。由於前述的研究以及上述的文獻檢閱，已經涵蓋我國 1992 年到 2004 年相關期間民眾政治信任的變化，本書將以 2004 年之後政治信任的持續與變遷、政治信任對於施政評價、選舉支持以及民主價值的影響，然後將從抗議政治的角度出發，結合政治信任與政治效能，建構四種民眾政治傾向類型，解釋民眾對於倒扁挺扁活動的態度，以及對於太陽花學運的看法。由於政治信任為政治支持的一環，我們將再討論，民眾政治信任與政治支持之間的關聯。

2014 年太陽花學運，民眾以行動表達反服貿的意見。

　　在使用的資料上，我們將以 TEDS2008 年、2012 年以及
2016 年三次在總統選舉之後進行的選後面訪資料為主。由於
政治信任使用的題目數量不少，加上 TEDS 的面訪多為選後進
行，因此，並未針對 2004 年之後的幾個特定重大社會抗議事
件，如 2006 年的「挺扁」與「倒扁」活動、2014 年的「太陽
花學運」進行調查，因此，我們必須藉助其他的資料，來檢視
政治信任與民眾對上述社會抗議事件的看法，我們將使用游清
鑫（2007）與陳陸輝（2015）兩筆在事件後進行的訪問資料予
以分析。此外，若將政治信任放在較大的理論架構下，討論政
治信任與政治支持的關係，勢必無法在一般的大型面訪案中，
容納所有需要的題目，我們另外使用高安邦（2005）與陳陸輝
（2011）的另外兩筆資料來進行分析。以下簡單的說明幾種資
料類型的資料蒐集方式。

有關政治信任的起源以及對於施政評價、選舉支持與民主價值的影響部分，我們有系統地運用同類型的總統選舉選後的面訪做為主要分析資料來源。在 2008、2012 以及 2016 年的總統選舉之後，「台灣選舉與民主化調查」（TEDS）[5] 研究團隊以台灣地區民眾為母體，以分層等比例抽樣原則抽出合格受訪者，進行訪問。在 2008 年總統選舉選後訪問，一共訪問成功獨立樣本 1,905 份（以下稱為 TEDS2008），在 2012 年的總統選舉中，完成的獨立訪問樣本數為 1,826 份（以下稱為 TEDS2012），在 2016 年完成的獨立樣本訪問為 1,690 份（以下稱為 TEDS2016）。由於我們研究所需要的主要變數，在這三次訪問中可以找到相似的測量題目，整個訪問執行的過程也較相似，因此，以此三次面訪的資料進行分析具有可比較性。此外，本資料涵蓋了 2008 年與 2016 年的兩次政權輪替，觀察民眾的政治信任感是否因此改變，也是本研究關切的一個焦點。不過，值得注意的是：2016 年的選後民調，因為在 1 月期間執行，所以當時還是國民黨執政，所以民眾對政府官員評價的對象應該是國民黨。相對地，在 2008 年的選舉因為是 3 月舉行而新總統是在 5 月就職，TEDS 研究團隊是在該年的 6 月下旬才開始執行訪問，因此，民眾評價的對象應該是國民黨。我們可以檢視一下，在兩次政黨輪替期間，政治信任是否出現變動。此外，該資料也涵蓋了對於政府施政的評價、選舉支持的情況以及民眾的民主價值，因此，有利於我們系統性地檢視政治信任的政治後果。

至於政治信任對於民眾對示威抗議活動的態度部分，本研

究運用 2000 年以後兩次大規模的示威抗議活動期間所蒐集的資料進行分析。在 2006 年 9 月 9 日民眾於總統府前的凱達格蘭大道靜坐展開了「反貪倒扁活動」，復於 9 月 29 日舉行「環島遍地開花」活動，並在 10 月 7 日於台中市大都會歌劇院舉行「環島遍地開花」最後一場活動。不過，在 10 月 10 日又舉行「天下圍攻」的活動。本研究使用中央研究院人文社會科學研究中心的政治思想研究專題中心與政治大學選舉研究中心在 2006 年 10 月 6 日到 10 月 15 日進行電話訪問的「民主動員與公民意識」研究計畫，該計畫主持人為游清鑫，電話訪問對象的抽樣方式，係以台灣地區（不含金門、馬祖）年滿 20 歲以上的成年人為本次調查的訪問對象。訪問完成 1,404 份成功問卷，在 95% 信心水準下，簡單隨機抽樣的最大誤差為正負 2.6% 之內。

至於「太陽花學運」，是在 2014 年 3 月 17 日立法院內政委員會的召集委員張慶忠立委宣布將「服貿協議」送院會備查後，引發公民團體與學生團體不滿，於 3 月 18 日晚上 6 時於立法院外舉辦「守護民主之夜」，並於當夜占領立法院議場，要求退回「服貿協議」，且強調應先制訂《兩岸協議監督條例》後始能審查。該運動使學生占領立法院逾三週，期間還發動數十萬人上街聲援，且有部分學生一度占領行政院。在 4 月 6 日立法院院長王金平答應學生「先立法再審查」之後，學生於 4 月 10 日正式退場，撤出立法院。由於國內針對太陽花學運所執行的訪問雖然不少，不過問卷內容涵蓋民眾政治信任感與政治效能感的題目並不多，所以本研究運用的資料，是陳陸輝主

持（2014），由政治大學選舉研究中心始於 2012 年 3 月 26 日至 5 月 11 日進行訪問的「我國大學生政治社會化的定群追蹤研究」研究計畫。該研究以台灣地區的大學生為訪問對象。依照教育部統計處的資料，2011 年（100 學年度）我國大學（四年制、不含軍警學校）約 148 所，而大一學生約 209,703 人。因此，以各校為分層單位，將全台新生依照公私立大學、一般大學與技職院校及師範大學等標準分為五個層級，接著以各校為第一抽出單位（Primary Sampling Unit, PSU）。然後再依據樣本大小與抽出單位機率等比例的原則（Proportional Probabilities to the Size, PPS），讓各校新生有相同的中選機會。該計畫先隨機抽出 25 所大學，各大學依照其學生占母體比例，再隨機抽出 3-7 個系，每個系再隨機抽出 12-16 位學生後，由選研中心派遣訪員至各系找到中選學生，以自填問卷的方式進行訪問。訪問過程中，訪員須全程在場，讓學生填答時無法交談並回答學生對問卷內容不明瞭之處，問卷回收後由各校負責的督導進行 100% 的問卷複查，該次訪問完成 1,754 個有效的大一學生樣本。在這群大學生大四的時候，也就是在 2014 年太陽花學運發生之後，該計畫於 2015 年 3 月 26 日至 5 月 11 日之間，由訪員前往受訪者就讀的學校再以自填問卷方式執行的定群追蹤研究，有效問卷為 1,094 份，因為該次資料蒐集了大學生對於「太陽花學運」的看法，所以本研究使用 2015 年的追蹤訪問資料。相關資訊請參考表 2-3。

　　至於民眾的政治信任與其政治支持之間的關聯性部分，本研究分別運用台灣民主基金會委託高安邦由政治大學選舉研究

表 2-3　對大學生訪問的抽樣架構與訪問成功樣本分布表

抽樣分層	2012 年自填問卷				2015 年 3 月追蹤訪問	
	入學新生數	%	完成數	%	完成數	%
公立一般	33,663	16.1	270	15.4	210	19.2
私立一般	69,560	33.2	571	32.6	359	32.8
公立技職	18,489	8.8	163	9.3	83	7.6
私立技職	80,433	38.4	688	39.2	404	36.9
師範	7,558	3.6	62	3.5	38	3.5
總計	209,703	100.0	1,754	100.0	1,094	100.0

資料來源：陳陸輝，《我國大學生政治社會化的定群追蹤研究（4/4）》，計畫編號：NSC 100-2628- H-004-084-MY4，2015 年，台北：科技部專題研究計畫。

中心執行的「2004 年台灣民主指標調查」所進行的電話訪問資料，以及陳陸輝主持的科技部（原國科會）研究計畫「台灣民眾政治支持的研究：概念、測量與應用」在 2009 年所進行的電話訪問資料，進行比較分析。2004 年的訪問期間為 5 月 21 至 5 月 24 日，訪問完成有效樣本 1,077 位，以 95% 之信賴水準估計，最大可能隨機抽樣誤差為：±2.98%。2009 年的電話訪問期間為 4 月 7 日到 12 日之間，完成有效樣本為 1,676 位，以 95% 之信賴水準估計，最大可能隨機抽樣誤差為：±2.44%。這兩筆資料較為特別，他們是依據相似的研究架構以及問卷題目討論民眾政治信任與政治支持之間的關聯性。

　　本書後續的各個章節，將陸續使用上述資料，依序討論探討政治信任的起源與政治後果。

附錄 2-1　美國全國選舉研究（American National Election Studies, ANES）所使用的政治信任測量的問卷題目

D1. How much of time do you think you can trust the government in Washington to do what is right—just about always, most of the time, or only some of the time?

D1. 您認為華盛頓的聯邦政府所做的事情是正確的頻率———是總是正確的？大多數是正確的？還是偶爾是正確的？

D2. Would you say the government is pretty much run by a few big interests looking out for themselves or that it is run for the benefit of all the people?

D2. 您認為政府是為有錢有勢的人牟利？還是為一般民眾謀福利？

D3. Do you think that people in the government waste a lot of the money we pay in taxes, waste some of it or don't waste very much of it?

D3. 您認為政府浪費很多我們繳納的稅金嗎？還是政府不怎麼浪費我們繳納的稅金？

D4. Do you feel that almost all of the people running the government are smart people who usually know what they are doing, or do you think that quite a few of them don't seem to know what they are doing?

D4. 您認為大多數政府官員是聰明而知道該如何治理國家？還

是很多官員並不知道該如何治理國家？

D5. Do you think that quite a few of the people running the government are a little crooked, not very many are, or do you think hardly any of them are crooked at all?

D5. 您認為政府官員中，是很多人的操守不好？不太多人的操守不好？還是幾乎不太有操守不好的？

註解

1. 美國所運用的測量題目，請參考附錄 2-1。

2. 在 2001 年美國境內歷經恐怖分子攻擊的「911 事件」後，華盛頓郵報進行一項民意調查，結果發現相信政府所做的事情大多數是正確的比例上升到 64%。參考 Chanley（2002）。

3. 所謂工具性評價，是指民眾視政治機構或是其程序運作的好壞，所給予的正面肯定或是負面批評的評價。當民眾有愛國主義或是愛國情操時，是不論國家或是政府表現如何，都給予正面的肯定或是持續的認同。但是工具性的評價則並不是要求個人給予盲目的認同或是支持，而是視政府產出結果的好壞，而給予相對應的評價。對總統施政的滿意度即為常見的工具性評價。

4. 有關政治效能感的相關討論以及文獻整理，請參考 Abramson（1983: ch.8）及 Reef and Knoke （1999）。

5. 有關三次訪問執行情況，請參考游清鑫（2008）、朱雲漢（2012）與黃紀（2016）等人的研究報告。

第三章

誰信任政府：
政治信任的起源*

- 壹、政治信任的起源：從政治社會化的角度出發
- 貳、資料分析與解釋
- 參、綜合討論與結論

* 本論文初稿為陳陸輝，2002，〈政治信任感與台灣地區選民投票行為〉，《選舉研究》，9（2）：65-84。該論文以分析 1992 到 2001 年的立法委員選舉的資料為主，本文延伸該論文架構，且資料分析以 2008 年之後的三次總統大選為主。作者感謝政治大學選舉研究中心《選舉研究》期刊，讓本文使用其部分內容。

　　本章將討論民眾政治信任的起源。具體地說，我們是從民眾的社會背景、他們的政黨傾向以及統獨立場等三個面向，討論不同背景民眾政治信任的差異。由於在 1992 年到 2004 年的相關分析，已經陸續散見陳陸輝（2002；2003；2006）的系列研究之中，本章將以 2008 年以來的調查研究資料，分析民眾政治信任的起源、持續與變遷。

壹、政治信任的起源：從政治社會化的角度出發

　　在第二章的文獻檢閱中，本研究整理學者討論影響民眾政治信任高的因素，大致可以歸類為：政治社會化的歷程不同、對執政表現的工具性評估以及不同的制度設計。因為在台灣同樣的政治脈絡中，制度設計的變化不大，因此，本章暫不討論制度設計對政治信任的影響。至於民眾對於執政黨的施政表現評價，應該與民眾的政治信任相關。這一部分，我們將留待下一章討論。本章著重在**民眾政治社會化對政治信任的影響**。

　　為了讓研究的結果得以推論及比較，本研究以同類型的總統選舉選後的面訪做為主要分析資料來源。在 2008、2012以及 2016 年的總統選舉之後，「台灣選舉與民主化調查」（TEDS）[1] 研究團隊以台灣地區民眾為母體，以分層等比例抽樣原則抽出合格受訪者，進行訪問。本研究將以 TEDS2008、TEDS2012 以及 TEDS2016 等三筆資料進行分析。透過該三筆資料，我們可以檢視一下，在兩次政黨輪替期間，政治信任是

否出現變動。三次調查研究的相關介紹，可以參考第二章。

　　本研究主要的獨立變數，是以三個題目所組成的政治信任感的量表。[2] 這三個題目詢問民眾對於政府官員制定政策與規劃（決定重大政策時會不會考量民眾的福利）、可信度（做事大多數是正確的）以及操守（會不會浪費老百姓的稅金）等三個面向的評價，由於進行訪問的這幾次選舉，是在 2005 年修憲之後將國會選制改為單一選區與比例代表並立的混合制（mixed-member majoritarian, MMM），且自 2012 年將立委與總統選舉同時舉行，因此，民眾政治信任感的持續與變遷，與台灣民主轉型之後的民主鞏固之間的關係，頗具理論探討的意義。除了一一探討民眾自 2008 年以來對於政府官員在上述三個面向上各題目的態度分布之外，我們還將上述三個題目組成一個政治信任感的量表，分析影響民眾政治信任感高低的因素。

　　本章主要在描述民眾政治信任感的分布以及不同背景民眾在政治信任感上的差異。如前所述，從政治社會化的角度觀察，不同背景民眾的政治信任應該出現差異。所以，我們也納入民眾的性別、世代、教育程度以及省籍等因素。性別的差異，是近年選舉研究重要的課題。就選舉政治實務上的考量，女性選民占有一半的選票，因此，如何動員女性選民並進而獲得支持，成為一個重要課題。早期胡佛與游盈隆（1984：22-5）的分析中發現：女性較男性更傾向支持國民黨，而隨著教育程度的提高，女性支持國民黨的傾向愈高。不過，自 1990 年代以來，專門以女性為對象的研究並不多，僅

以翁秀琪與孫秀蕙（1995）、黃秀端（1996）及黃秀端與趙湘瓊（1996）的研究散見諸期刊，很多研究僅以性別當作控制變數。不過，2000年之後，楊婉瑩的一系列研究（楊婉瑩，2007；楊婉瑩、劉嘉薇，2009；楊婉瑩、林珮婷，2010；楊婉瑩、李冠成，2011）針對女性的政治參與、對統獨議題的態度、在國家認同上以及總統投票的傾向，說明了女性與男性之間的性別差異。此外，劉嘉薇（2012）也檢視不同性別在候選人評價上的差異。所以，本章也納入性別，檢視兩性在政治信任上是否存在差異。

另外一個重要的社會因素，是選民的年齡或是政治世代，這也成為民眾在政治態度上甚至投票行為差異的指標（胡佛、游盈隆，1984：25-9；劉義周，1994；1995；陳義彥，1994；1996；陳義彥、蔡孟熹，1997；林佳龍，2000；徐永明、范雲，2001；陳陸輝，2000；2002；2003；陳陸輝、耿曙，2009；游清鑫、蕭怡靖，2007；陳光輝，2010；陳憶寧，2011）。不同的政治世代往往因為生活的經驗不同，對於媒介使用、政治事務認知、選舉以及民主政治的看法有重要的差異。不過，在我們處理受訪者的年齡對其政治態度的影響程度時，我們面對了幾個互相競爭的解釋方式 [3]。

第一種效果是所謂的**世代效果**（generational effect or cohort effect），它是指出生在同一時期的選民，受到相同的歷史、政治與社會環境所影響。換言之，台灣以「五年級」稱呼民國50年代出生的世代，即隱喻生活在相同的歷史座標中，民眾因為共同的經驗以及集體的記憶，而形成不同的政治

傾向。第二種效果是**生命週期效果**（life-cycle effect or aging effect），這是指選民隨著自己年齡的增長，面對生命不同的階段時，諸如：成家、立業……等等，對其政治態度的影響。法國俗諺所說的「如果一個20歲的人卻沒有革命的情懷，他是沒有心肝；一個40歲的人還有革命的衝動，他是沒有腦袋。」即指出：隨著一個人年齡的成長以及不同階段生命歷程的角色不同，會愈來愈趨於保守。第三種效果是**時期效果**（period effect），它是指在特定時間點的特定事件對所有當時民眾均會產生影響。例如，在1995年到1996年台海發生的導彈危機以及在1996年首次舉行的民選總統、2000年台灣首次的政黨輪替、2008年的二次政黨輪替以及在2016年的第三次政黨輪替，這些經驗對當時所有選民都會有不同程度的影響。學者以上述與時間相關的因素，觀察美國選舉研究最重要的變數「政黨認同」，卻有不同的結論。

　　Campbell 等人在《美國選民》一書認為選民的政黨認同強度會隨年齡增加而增強，Converse（1969）重新分析 Almond 與 Verba 在五個國家所做的調查訪問資料也重申此一論點。不過，要區分生命週期與世代兩個效果，卻不是一件容易的事情。如果跨時的資料可以取得，那麼就比較容易看出是哪一種效果，對選民政治態度具有較大的影響力。本研究以台灣的重大政治與社會事件發生的時間，將選民切割成四個政治世代。[4] 第一代是出生於西元1942年之前，第二代則出生於1943到1960年間，第三代選民則是出生在西元1961年之後到1977年，第四代則是在1978年之後出生。選擇西元1943年、1961

年以及 1978 年做為切割點的因素，是因為出生在 1943 年的受訪者大多接受國民黨的國小教育。而 1961 年出生的這一群，在其成年時，剛好經歷選罷法通過以及黨外運動挑戰國民黨威權統治時期。至於 1978 年之後出生的，則是在首次政黨輪替時成年並參加該次選舉投票，是成長在台灣自由民主的政治氛圍中。本章檢視四個政治世代民眾，其政治信任的差異。由於早期台灣特殊的政治與社會環境，使得省籍問題過去成為檢視民眾選舉支持或政黨認同的重要因素，相關的研究均發現，省籍的不同使得民眾對於不同政黨的支持程度出現重要的差異（胡佛、游盈隆，1984；林佳龍，1989；陳義彥，1994；陳陸輝，2000；吳重禮、李世宏，2005；吳重禮、崔曉倩，2010）。不過，隨著第一代外省民眾的逐漸凋零，新世代對於中國大陸集體記憶的模糊，省籍背景在 21 世紀之後，會不會失去其重要性，仍然值得觀察。本章也將觀察不同省籍背景民眾在政治信任上的差異。

當然，不同教育背景的民眾，其政治信任程度也會有重要的差異。教育程度愈高，相對來說，對於國家治理的相關資訊以及憲政制度愈為熟悉，加上是處在不同社會人際網絡之中，因此，對於政治信任程度應該有所不同。此外，階級問題或是民眾的職業類別，也是影響民眾政治態度的觀察重點。可惜，過去由於國民黨長期執政，且在「全民政黨」（catch-all party）的威權統治之下，各職業團體的政治活動以及組織並不活躍。胡佛、游盈隆（1984）與林佳龍（1989）的研究，發現了不同職業背景的民眾，對於政黨的支持，是有顯著差別的。

而居住在不同地區的選民，其對政黨的支持是否出現差異？徐永明（2001）的「南方政治」是提出該問題的重要研究，該研究指出，相對於其他地區，民進黨在南部獲得較高且相當穩定的支持。而耿曙與陳陸輝（2003）則從兩岸經貿互動的衝擊入手，針對台灣地區的北、中、南、東部等四大地理區塊，依其經濟結構差異以及在「擴大兩岸經貿交流」問題上是否因此獲利或是受害，分析其區塊政治支持的差異，該研究是結合了職業類別與地理區塊的綜合分析。特別是在全球化的過程中，主要政黨對於兩岸經貿交流抱持重大歧異，民眾在兩岸交流的過程中是贏家還是輸家，也可能進一步影響其政治偏好。而讓不同產業或是不同階級的民眾，在政治支持上出現重要的差別。本章也將從不同職業類別民眾觀察他們在政治信任上的差異。

除上述的變數之外，本研究也納入兩個重要的解釋變數，來看他們對政治信任的影響。首先，是民眾的**政黨認同**。政黨認同的概念源自於美國選舉政治的研究。在美國相關的研究中發現政黨認同有幾個重要的特性。首先，政黨認同是各種政治態度中相對穩定的。其次，在各種政治態度中，政黨認同是很早就形成了。此外，選民一旦形成政黨認同，會隨著生命週期而增加它的強度[5]（Campbell et al., 1960）。當然，政黨認同的重要性，不僅止於它對選民投票行為的直接影響，還包括它對其他決定投票行為的重要因素的影響（Niemi and Weisberg, 1993: 210）。更重要的是，大多數美國選民都擁有政黨認同，加上政黨認同相當穩定，所以，政黨認同在解釋選民的投票行為以及政治秩序上，扮演著重要的地位。Campbell 等人（1960:

166）就認為：「**政黨認同是典型的一輩子的承諾**（life-long commitment）」，它只有在「重大的社會變動時，才會發生全國性的變遷。」從 1952 到 1964 年間，美國選民的政黨認同的分布相當穩定。有超過四分之三的選民，認同兩大黨中的一個政黨。我們可以預期，在三次的調查中，如果民眾認知到「執政當局」是國民黨的話，國民黨認同者或是泛藍認同者會擁有較高的政治信任。由於自 2001 年之後，台灣的政治習慣將政黨區分為泛藍或是泛綠陣營，本研究將國民黨、新黨或親民黨歸類為泛藍，將民進黨、台聯或時代力量歸類為泛綠陣營，我們將檢視兩個不同陣營的認同者以及無政黨傾向者，他們政治信任的高低。

2016 年總統大選國民黨參選人朱立倫的競選活動。

　　除了政黨認同之外，另外一個重要的變數，當屬民眾在統獨議題上的偏好。由於在台灣的選舉政治中，兩岸關係至為重要，因此，民眾**統獨立場**的持續與變遷往往成為關注的焦點。因為統獨議題不但形塑台灣的政治格局，在選舉政治中，台灣主要政黨，總試圖在統獨光譜的適當位置，爭取選民的支持（Yu, 2005；王甫昌，1997；吳乃德，1992；徐火炎，1996；盛杏湲、陳義彥，2003；陳文俊，1995；陳陸輝，2000；陳義彥、陳陸輝，2003；游清鑫，2002）。在兩岸關係上，民眾的統獨偏好分布亦左右台灣的大陸政策走向（Chang and Wang, 2005；Keng, Chen, and Huang, 2006；Myers and Zhang, 2006；Niou, 2005；Wang, 2001；2005；Wu, 2004；吳乃德，2005；吳玉山，1999；2001；盛杏湲，2002）。特別是在近年總統大選中，統獨相關議題持續占據選舉重要地位，因此，**統獨之爭絕對是台灣政治的核心議題**（Corcuff, 2002）。民眾的統獨立場既然與台灣的選舉政治至為相關，則我們在分析民眾政治信任時，必須觀察不同統獨立場民眾在政治信任上的差異。本研究將民眾的統獨立場區分為：「**傾向統一**」、「**維持現狀**」與「**傾向獨立**」三類，以觀察不同統獨立場民眾在政治信任上的差異。

貳、資料分析與解釋

　　在本研究所涵蓋的三次民意調查中，可以發現，在 2008 到 2016 年之間，民眾對於政府官員的政治信任，隨著台灣政

治資訊的多元化以及社會的開放，而出現變動。表 3-1 中我們將沒有回答具體方向的民眾歸類為缺失值不納入分析，讓表中所列出的是每年度該項目的直欄百分比，其不信任與信任的百分比加總為 100%。從表 3-1 中可以發現：民眾在政府決策正確的項目上，不信任的比例在 2008 年達 84%，到了 2012 年下降到 75%，但是在 2016 年又回升到 81%。信任的比例，在 2012 年也曾回升到接近四分之一。信任與不信任的差距，在 2012 年較小，約 50%，在 2008 年接近 70% 是最高的。如果看最後一欄 2008 年到 2012 年的差距，我們看到不信任的略降 2.76%，信任上升同數值的百分點，三個年度約小幅回升 5.5%。至於民眾對於官員會不會浪費稅金（官員浪費稅金）的項目上，在 2008 年到 2016 年之間，也是出現波動，在 2008 年接近 90%，到了 2012 年下滑到 83%，但是在 2016 年又回升到 85%。就信任與不信任之間的差距上，在 2008 年最大，超過 78%，2012 年較低，接近 66%，2016 年則是 70% 左右。至於民眾認為政府在做重大決策時，會不會考慮民眾福利（決策考量民利）上。認為不會考慮民意的不信任民眾，在 2008 年占 50%，到 2012 年時，下降到 48% 左右，但是在 2016 年上升到 57% 左右，而覺得政府會考慮民眾需要的比例在 2008 年也是約 50%，到了 2012 年上升到 52%，但是在 2016 年下降到 43%，遠低於認為政府會考慮民眾需要的比例。這也許是因為馬英九總統在 2012 年連任之後宣布油電雙漲的政策以及後續的一連串不受民眾歡迎的相關政策，讓民眾認為政府施政並未考量民眾的福祉，而具體的反映在 2016 年的民意調查

中。所以，我們看到其他兩項在 2008 年到 2016 年之間政治信任的分布都出現信任上升而不信任下降的情況，唯獨「決策考量民利」一項的政治信任是出現總體下降的，這一部分可以發現民眾的政治信任，是對政府施政優劣的具體回應。

在表 3-1 中也有幾個值得注意的現象。首先，是在**政黨輪替的期間，民眾的政治信任較低**，所以我們看到，在 2008 年的第二次政黨輪替以及 2016 年的第三次政黨輪替，民眾的政治信任都較為低落。其次，我們也看到在 2012 年，馬英九順

表 3-1　民眾政治信任的次數分布表，2008～2016 年

	2008 年	2012 年	2016 年	差距
政府決策正確				
不信任	84.28	75.02	81.52	−2.76
信任	15.72	24.98	18.48	2.76
差距	−68.57	−50.03	−63.04	5.53
官員浪費稅金				
不信任	89.24	82.95	85.46	−3.78
信任	10.76	17.05	14.54	3.78
差距	−78.48	−65.89	−70.92	7.57
決策考量民利				
不信任	50.89	47.84	56.60	5.71
信任	49.11	52.16	43.40	−5.71
差距	−1.77	4.32	−13.20	−11.43

資料來源：游清鑫（2008）、朱雲漢（2012）、黃紀（2016）。
說明：表中數字為直欄百分比。表中數字不納入訪問中未表示具體意見者，故「不信任」與「信任」加總為 100.00%。每個項目最後一個橫列的「差距」為「信任」減去「不信任」者，故正值表示該年度該項目信任百分比高於不信任百分比。最後一個直欄的「差距」為 2016 年減去 2008 年，各正值表示比例有上升。

利連任成功之際，民眾的政治信任是三次調查中最高的。因此，政治信任在某些角度反映了民眾對於政府治理的理想期待與現實評價之間的一致程度，當政治信任提升，是對執政績效較為肯定，其實有利於執政黨候選人勝選。不過，整體而言，三個年度的政治信任感都較為低落，也許在媒體更為開放、資訊更為多元的情況下，媒體與民眾多從監督政府施政的角度出發，從防範政府施政疏失著手，提出的批判與質疑較多，自然也影響民眾對政府的信任程度。

此外，我們利用三個變數所結合成一個政治信任感的量表做為一個新變數，再以民眾回答這三道題目的分數加以平均，分數的分布從 1 分到 5 分，分數愈高者，表示政治信任感愈高。從表 3-2 可以發現：民眾的政治信任感在 2008 年到 2012 年之間上升了 0.16 分，這個上升的數值達到統計上的顯著程度，也就表示，民眾的政治信任真的有顯著提升。不過，在 2012 年與 2016 年之間則下跌了 0.15 分，這個下降的數值也是達到統計上的顯著程度，表示民眾的政治信任，在考量抽樣誤差後，真的出現下跌。整體而言，與表 3-1 的分析結果相似的是，在 2008 年到 2012 年之間，民眾的政治信任感出現上升，

表 3-2　民眾政治信任感分數分布（2008～2016）

年度	平均數	標準差	樣本數
2008	2.38	0.68	1,521
2012	2.54	0.80	1,480
2016	2.39	0.60	1,393

資料來源：見表 3-1。

可惜在 2016 年則回到原來的水準。如果對照陳陸輝（2002）運用與本研究使相同的三個題目加上另外三個政治信任測量的六個題目運用相同的方式建構的量表，我們發現，在 1992 年民眾的政治信任感在 1 到 5 分的量表中的分數是 2.86，此後一路下滑到 1998 年的 2.54，到 2001 年回升到 2.61，所以，表 3-2 的趨勢看起來是延續整個下降方向，儘管在 2012 年稍有反彈。比較特別的是，上次的政治信任回升是在第一次政黨輪替之後，但是，本研究卻發現在 2012 年出現政治信任的回升，這是馬英九先生競選總統連任成功之後，就某種意義而言，應該是民眾當時對馬政府過去四年表現的肯定，可惜馬政府當選之後採用的油電雙漲等政策，讓民眾對執政當局又失去信心。

　　接下來我們先檢視歷年來不同背景民眾政治信任分數的差異。我們納入性別、政治世代、教育程度、省籍、職業、政黨傾向以及統獨立場。因為性別為二分類，所以我們用平均數的比較看男女之間有無差異。其他變數為三類或是三類以上的分類，所以我們以變異數檢定，為了進一步瞭解不同類別之間平均數的差異，我們還用雪菲檢定，看看組間差異。從表 3-3 中可以發現，民眾不同的性別、政治世代、教育程度、省籍、職業、政黨認同以及統獨立場，在他們的政治信任感上具有顯著差異。政治信任感較高的是：男性、第一代選民、具備大學教育程度、大陸各省市人、軍公教人員、傾向泛藍以及傾向統一的民眾。至於較低的是女性、第三代選民、高中職教育程度、本省閩南籍、職業是私部門專業人員、勞工或是家管、傾向泛綠以及傾向獨立的選民。因此，過去的研究發現：在 2001 年

表 3-3　2008 年民眾政治信任與主要變數交叉分析

	平均數	標準差	樣本數	統計資訊	雪菲檢定
全體	2.38	0.68	1,521		
性別				$t = 3.73$	
1. 男性	2.44	0.72	769	$df = 1519$	
2. 女性	2.31	0.63	752	$p < 0.001$	
政治世代					
1. 一代：1942 年前	2.54	0.87	114	$F(3,13516) = 3.40$	1 > 3
2. 二代：1943-60 年	2.38	0.71	403	$p < 0.05$	
3. 三代：1961-77 年	2.33	0.64	603		
4. 四代：1978 年後	2.39	0.65	401		
教育程度					
1. 小學	2.36	0.77	210	$F(4,1513) = 3.29$	5 > 3
2. 國中	2.37	0.70	216	$p < 0.05$	
3. 高中職	2.30	0.63	492		
4. 專科	2.43	0.68	224		
5. 大學	2.46	0.67	376		
省籍					
1. 本省客家	2.40	0.71	156	$F(2,1476) = 5.58$	3 > 2
2. 本省閩南	2.34	0.67	1,145	$p < 0.01$	
3. 大陸各省	2.52	0.67	180		
職業					
1. 軍公教	2.53	0.68	132	$F(6,1531) = 4.28$	
2. 私部門專業	2.30	0.66	182	$p < 0.001$	
3. 私部門職員	2.34	0.66	330		
4. 勞工	2.31	0.65	323		
5. 農林漁牧	2.46	0.77	56		
6. 家管	2.31	0.60	201		
7. 其他	2.50	0.76	296		

表 3-3　2008 年民眾政治信任與主要變數交叉分析（續）

	平均數	標準差	樣本數	統計資訊	雪菲檢定
政黨傾向					
1. 傾向泛藍	2.53	0.66	589	$F(2,1517) = 31.32$	1 > 2
2. 無傾向	2.35	0.67	471	$p < 0.001$	1 > 3
3. 傾向泛綠	2.20	0.68	460		2 > 3
統獨立場					
1. 傾向統一	2.49	0.69	198	$F(2,1475) = 10.98$	1 > 3
2. 維持現狀	2.41	0.68	907	$p < 0.001$	2 > 3
3. 傾向獨立	2.24	0.66	372		

資料來源：見表 3-1。
說明：政治信任量表的建立與變數編碼請參考文內說明。

民進黨執政後，泛綠以及傾向獨立的選民政治信任感是比較高的（陳陸輝，2002），但是本研究在 2008 年國民黨二次輪替的 520 總統就職之後執行，我們發現泛藍的選民的政治信任隨之提升。

　　不過，表 3-4 中可以發現，在 2012 年的分析中，只有不同的教育程度、省籍、職業、政黨傾向以及統獨立場的民眾，其政治信任出現統計上的顯著差異。至於性別與政治世代則不顯著。在性別上，很有可能是因為馬英九執政四年，得到一定女性民眾的支持，我們也可以從 2012 年的相關分析中發現，女性對馬英九的喜好程度高於男性（劉嘉薇，2012），也許這讓女性選民跟男性選民的政治信任感在 2012 年的差異消失了。至於政治世代上，我們看到第一代仍然是最高，不過，他們與其他幾代選民的政治信任差異，並未達到統計上的顯著程

表 3-4   2012 年民眾政治信任與主要變數交叉分析

	平均數	標準差	樣本數	統計資訊	雪菲檢定
全體	2.54	0.80	1,480		
性別				$t = 0.65$	
1. 男性	2.55	0.81	770	$df = 1478$	
2. 女性	2.53	0.79	710	$p > 0.05$	
政治世代				$F(3,1476) = 1.69$	
1. 一代：1942 年前	2.59	0.88	115	$p > 0.05$	
2. 二代：1943-60 年	2.56	0.85	414		
3. 三代：1961-77 年	2.58	0.81	529		
4. 四代：1978 年後	2.47	0.70	422		
教育程度				$F(4,1471) = 3.20$	
1. 小學	2.42	0.85	213	$p < 0.05$	
2. 國中	2.49	0.74	180		
3. 高中職	2.51	0.88	398		
4. 專科	2.61	0.75	217		
5. 大學	2.62	0.73	468		
省籍				$F(2,1442) = 24.09$	1 > 2
1. 本省客家	2.63	0.78	179	$p < 0.001$	3 > 2
2. 本省閩南	2.47	0.79	1,094		3 > 1
3. 大陸各省	2.91	0.80	172		
職業				$F(6,1473) = 5.30$	1 > 4
1. 軍公教	2.78	0.82	231	$p < 0.001$	1 > 6
2. 私部門專業	2.57	0.75	193		
3. 私部門職員	2.54	0.77	320		
4. 勞工	2.45	0.80	356		
5. 農林漁牧	2.46	0.92	84		
6. 家管	2.42	0.78	183		
7. 其他	2.53	0.75	113		
政黨傾向				$F(2,1477) = 143.22$	1 > 2
1. 傾向泛藍	2.90	0.77	616	$p < 0.001$	1 > 3
2. 無傾向	2.43	0.75	372		2 > 3
3. 傾向泛綠	2.17	0.66	492		
統獨立場				$F(2,1455) = 50.03$	1 > 3
1. 傾向統一	2.79	0.83	186	$p < 0.001$	1 > 3
2. 維持現狀	2.63	0.79	899		2 > 3
3. 傾向獨立	2.21	0.69	373		

資料來源：見表 3-1。

說明：政治信任量表的建立與變數編碼請參考文內說明。

度。若進一步分析可以發現以下背景的民眾其政治信任感較高：具大學教育程度、大陸各省人、軍公教、政黨傾向泛藍以及傾向統一的民眾政治信任最高。相對的，小學教育程度、本省閩南人、職業為勞工或是家管、傾向泛綠以及傾向獨立的民眾，政治信任感較低。其中，教育程度以及職業，在 2008 年與 2012 年出現了些微變化，2012 年時，高中職教育程度以及私部門專業人員的信任感不是最低了。這也許因為兩岸經貿往來更加密切，特別是「兩岸服貿協議」其實開放兩岸服貿人員的市場，對於私部門專業人士也許具有一定的吸引力。

到了 2016 年，我們從表 3-5 看到了另外一個趨勢：不同的性別、教育程度、省籍、職業、政黨傾向以及統獨立場的民眾，其政治信任感出現顯著差異。不過，不同的政治世代在政治信任上仍然不具有統計上的顯著差異，只是相對來說，第一代的政治信任分數仍然最高。在 2016 年的訪問中，我們再次看到具有以下背景的民眾之政治信任感較高：男性、大學教育程度、大陸各省、軍公教、傾向泛藍以及傾向統一或是維持現狀的民眾。至於政治信任感較低者為：教育程度為高中職、本省閩南、私部門的專業人士、職員或勞工以及家管、傾向泛綠者以及傾向獨立者。

在三次訪問中，我們發現相同的趨勢為：具有大學教育者、大陸各省市人、軍公教、傾向泛藍以及統獨立場為傾向統一者，是政治信任較高的一群，這些應該也是自 2004 年以來泛藍的選民基礎（陳陸輝、陳映男，2012）。至於政治信任較低者為本省閩南、勞工、傾向泛綠的認同者，以及傾向獨立的

表 3-5　2016 年民眾政治信任與主要變數交叉分析

	平均數	標準差	樣本數	統計資訊	雪菲檢定
全體	2.38	0.68	1,521		
性別				$t = 3.73$	
1. 男性	2.46	0.76	712	$df = 1391$	
2. 女性	2.32	0.72	681	$p < 0.001$	
政治世代					
1. 一代：1942 年前	2.51	0.83	53	$F(3,1389) = 0.94$	
2. 二代：1943-60 年	2.42	0.79	320	$p > 0.05$	
3. 三代：1961-77 年	2.36	0.74	472		
4. 四代：1978 年後	2.40	0.71	547		
教育程度					
1. 小學	2.39	0.82	139	$F(4,1380) = 8.25$	$5 > 2$
2. 國中	2.27	0.73	164	$p < 0.001$	$5 > 3$
3. 高中職	2.26	0.66	403		$4 > 3$
4. 專科	2.51	0.77	185		
5. 大學	2.51	0.75	495		
省籍					
1. 本省客家	2.43	0.69	211	$F(2,1323) = 6.26$	$3 > 2$
2. 本省閩南	2.36	0.74	1,017	$p < 0.01$	
3. 大陸各省	2.63	0.79	98		
職業					
1. 軍公教	2.41	0.76	230	$F(6,1386) = 6.86$	$1 > 2$
2. 私部門專業	2.36	0.69	308	$p < 0.001$	$1 > 3$
3. 私部門職員	2.29	0.71	373		$1 > 4$
4. 勞工	2.70	0.81	175		$1 > 6$
5. 農林漁牧	2.42	0.70	45		
6. 家管	2.31	0.71	158		
7. 其他	2.45	0.78	105		
政黨傾向					
1. 傾向泛藍	2.68	0.72	371	$F(2,1390) = 52.94$	$1 > 2$
2. 無傾向	2.42	0.78	457	$p < 0.001$	$1 > 3$
3. 傾向泛綠	2.19	0.66	565		$2 > 3$
統獨立場					
1. 傾向統一	2.49	0.74	166	$F(2,1351) = 15.82$	$1 > 3$
2. 維持現狀	2.46	0.75	745	$p < 0.001$	$2 > 3$
3. 傾向獨立	2.23	0.71	444		

資料來源：見表 3-1。

說明：政治信任量表的建立與變數編碼請參考文內說明。

選民，這些也是傳統的泛綠支持群眾。此外，在**政治世代或是年齡層上，我們看到了最年長這一代的政治信任**相對而言是**最為穩定，且不會因為政黨輪替出現改變**。此一現象相對有趣。年長世代較趨於保守以及希望穩定，因此，儘管不同政黨執政他們都希望能夠給予執政者信任以及一定的揮灑空間，所以，他們是執政黨最佳的安定力量。

參、綜合討論與結論

　　從上述的統計分析中我們可以發現，在 2008 年到 2016 年的面訪資料中的一個現象是，就是民眾在國民黨政府的執政期間，政治信任感出現一定程度的波動。2008 年的二次政權輪替之後，選民的政治信任感相對較低，不過，到了 2012 年卻出現顯著的提升。顯示民眾對於馬英九政府執政的第一任表現，是有相當程度的肯定。不過，正如政治信任的核心概念是民眾相信政府即使不在他們積極監督下，也會以民眾的福祉為優先考量，而為民興利。但是，馬英九政府卻在當選之後，陸續釋出要開放含有瘦肉精的美國牛肉進口、復徵證所稅以及油價、電價雙漲等政策，對人民的食品安全、賦稅，以及日常民生影響甚鉅，自然也衝擊了民眾對於執政當局的信任。

　　除了政府施政的具體表現之外，影響選民政治信任感的因素中，選民的政黨認同、省籍背景、教育程度、職業以及統獨傾向，也都是重要的因素。在 2008 到 2016 年之間，我們看到泛藍民眾、大陸各省市民眾、具大學教育的民眾、軍公教

人士以及傾向統一的民眾，政治信任感較高。而泛綠的認同者、傾向獨立的民眾、本省閩南的民眾，對於政府的政治信任感較低。我們如果對照 2001 年的首次政權輪替之後的研究發現，應該可以預期，在 2016 年 520 之後，當蔡英文就任總統之後，不同背景的選民，其政治信任感會出現變化。過去的研究顯示：政權剛輪替之際，對舊政府的支持者，雖未給予新執政者如對過去執政者般的支持，但是起碼沒有立刻轉而不加信任。這對於新政權而言，是個重要的訊息。所以，政權輪替後的新政府，除了肩負支持選民的付託之外，其實，還有舊政府支持者善意的期待。如何以具體的改革回應選民的付託以及期待，並進而轉化成更具體的支持與信任，是新政府的絕佳機會，也是新政府的重要挑戰。不過，在民進黨全面執政之後，在 2016 年 7 月 25 日三讀通過「政黨及其附隨組織不當取得財產處理條例」，並於 2016 年 8 月 31 日在行政院下設「不當黨產處理委員會」，由前立委顧立雄擔任該委員會主任委員，展開調查、追討不當黨產的行動。以及對軍公教人員退休生活有所影響的「年金改革」議題，還有「同性婚姻」等議題，這些措施勢必對於長期具有較高政治信任的軍公教人員、過去幾年對政府較為信任的泛藍認同者，以及年長的選民，產生激烈的衝擊，自然對其政治信任會出現立即的影響。從本研究發現的2012 年之後政治信任出現的變動趨勢，我們認為：政府的施政若能穩健平和、重視公平正義且兼顧民生福利，自然對於政黨的繼續執政具有重要的影響。相對地，採取太過爭議作法或是政策，激起民眾的反感，儘管在選前獲得民眾支持，也很難

擺脫在下次選舉被民眾更換的命運。

　　當然，本章所使用有關政治信任感的測量方式，是以民眾對於「政府官員」不同面向的評價為基礎，也許並沒有觸及 Easton 對於政體的信任以及支持程度。而在本章也發現，民眾在馬英九執政四年之後，兩岸的和平以及台灣社會的穩定，讓民眾的政治信任感出現上升的現象，不過，當民眾面對執政黨在施政上提出重大爭議的政策之後，會因此對執政黨轉而不信任甚至在下次投票中懲罰執政黨。當然，民眾的政治不信任會不會轉而對於台灣民主政體的反感甚至疏離？而這樣的情況會不會導致他們想採取較為激烈的政治抗議手段？這些問題，是台灣民主化以及政權和平轉移之後，必須面對的重要課題，也將是本書之後的章節將討論的主題。民眾對於政府官員的信任，不但給予執政者政權合法性來源，更是執政者權力行使的重要後盾。而執政者是否依法行政以及善盡民眾的付託，制定符合民意的政策並且妥善予以執行，又進一步影響民眾對於執政者的信賴。因此，對台灣地區民眾政治信任感的掌握以及瞭解引領民眾政治信任感的持續與變遷的原動力，是我們研究台灣民主化時，不可忽視的重要課題。我們下一章將繼續討論，政治信任的政治後果，會分析不同政治信任的民眾，在對政黨的喜好程度、對總統滿意度、選舉支持以及對民主滿意度上的差異。

附錄 3-1　「台灣選舉與民主化調查」（TEDS）在 2008、2012 以及 2016 年政治信任感測量題目

　　「台灣選舉與民主化調查」（TEDS）研究團隊於 2008 年總統選舉之後所進行的歷次面訪中，使用以下三個題目，做為測量民眾政治信任感的問題。

　　我們的社會上，不同的人對於政治有不同的看法。接下來我要唸幾段話，請您告訴我您同不同意這些看法：

D4.「政府所做的事大多數是正確的」。

D5.「政府官員時常浪費一般民眾所繳納的稅金」。

D6. 請問您認為政府決定重大政策時，會不會把「民眾的福利」放在第一優先考慮的地位？是經常會考慮、有時會考慮、不太會考慮、還是絕對不會考慮？

註解

1. 有關三次訪問執行情況，請參考游清鑫（2008）、朱雲漢（2012）與黃紀（2016）等人的研究報告。

2. 有關這三個測量題目的問卷內容，請參考附錄 3-1。

3. 以下討論可以參考 Glenn（1977）。

4. 劉義周（1993；1994）是首先將政治世代的觀念，帶入台灣政治學界的研究者。本研究對政治世代的切割方式與其略有不同。劉義周定義的第一代為 1949 年時已大致完成小學教育者（出生年應為 1937 年），1965 年停止美援為第二個切割點（出生年應為 1952 年）。本文著重國民黨威權統治下的政治影響，所以將有無受國民黨小學教育定為第一代與第二代的切割點（1943 年），1980 年通過選罷法，故將 1960 年出生，在此年成年者定義為第二代與第三代的切割點。

5. 有關生命週期以及世代差異對政黨認同的影響，在美國學界有諸多討論。參考 Abramson（1989）。

第四章

信任就是力量：
施政評價、選舉支持與民主價值

- 壹、從政治信任看民眾政治支持
- 貳、研究方法與資料
- 參、研究發現與討論
- 肆、結論

　　我們在前一章從政治社會化的角度，說明了不同背景的民眾，在政治信任上的差異。本章將進一步討論，政治信任的高低，對於民眾在施政評價、選舉支持以及對民主的信念上，是否具有影響。本章從民眾政治信任的「政治後果」出發，解析民眾政治信任的高低是否影響到他們對於總統施政滿意、經濟前景預估、政黨與政黨提名候選人的評價、投票參與及選舉支持，以及對於民主價值與堅持民主信念的差異。

壹、從政治信任看民眾政治支持

　　本書的第二章在文獻檢閱時，聚焦在政治信任的定義、緣起、變遷與政治後果。在第二章的文獻中，我們提及 Easton 對政治支持的分析，我們可以知道：政治信任是政治支持的一環。本章即從政治支持的角度，討論政治信任對於其他政治支持的層次，所可能造成的影響。

　　從表 2-1 中有關民眾政治支持的層次中，民眾的政治信任屬於對權威當局層次，因此，我們將分析政治信任與民眾對典章制度層次中的政府表現評估、總統滿意度評估以及對政黨滿意度的評估。此外，我們也將分析政治信任與民眾對於主要政黨候選人評估以及投票支持的情況。當然，政治信任也與民眾的民主價值相關，我們也會分析政治信任與民眾選舉參與以及民主價值的關聯性。

貳、研究方法與資料

本章使用的資料包括 TEDS2008、TEDS2012 以及 TEDS2016 三次調查的資料。本研究的關於政治信任以及表 2-1 相關概念的測量，將參考 Dalton（2004）與 Hibbing 與 Theiss-Morse（1995）的研究加以操作。在政治信任部分，本章延續第三章的分析，將三個題目建構的政治信任量表繼續使用，不過，因為我們想檢視不同政治信任程度對施政評價、選舉支持以及民主價值上的差異，因此，我們將原為 1～5 分的政治信任量表，重新編碼。將該政治信任分數 2 分以下定義為「較不信任」、2.1～3 分定義為「普通信任」、3.1 分以上定義為「較為信任」。其具體的次數分布見表 4-1。我們發現：民眾較為信任的比例，以 2012 年最高，大約有四分之一，2008 年最低，僅超過七分之一，在 2016 年接近 20%。至於較不信任的比例，則從 2008 年的 44%，下跌到 2012 年的 38%，但是在 2016 年又上升到 47% 左右。表 4-1 大致反映了第三章的基本描述：民眾的政治信任在 2008 年是低點，於 2012 年回升，然後到了 2016 年又再下跌。

在施政的評價上，本研究納入民眾對於總體經濟表現的展望做為觀察重點。在近年政府施政中，「拼經濟」一直是民眾關切的重點，也是總統候選人競選時的重要議題。在「經濟投票」（economic voting, Lewis-beck, 1984）的相關文獻中，有從選民個人利害的「荷包投票」（pocketbook voting）角度討論（Kramer, 1971; Markus, 1992），也有從總體經濟枯榮

表 4-1　民眾政治信任之分布（2008 ～ 2016）

	2008 年	2012 年	2016 年
較不信任	43.5	37.6	46.7
普通信任	41.7	37.4	34.6
較為信任	14.8	25.0	18.8
（樣本數）	（1,521）	（1,480）	（1,393）

資料來源：游清鑫（2008）、朱雲漢（2012）、黃紀（2016）。
說明：表中政治信任量表係依據三個政治任題目建構而成，各年的平均數與標
　　　準差等相關內容請見第三章說明。本章將政治信任分數 2 分以下定義為
　　　「較不信任」、2.1 ～ 3 分定義為「普通信任」、3.1 分以上定義為「較
　　　為信任」。

的「社會投票」（sociotropic voting）（Kinder and Kiewiet,
1981; Kramer, 1983）的角度討論（黃秀端，1994：101；Duch,
2001; Lewis-beck, 1988）。此外，也有學者討論選民是參考政
府過去的表現據以投票的回溯性投票（retrospective voting）
（Fiorina, 1983），還是要選個未來的前瞻性投票（prospective
voting）（Downs, 1957），相關研究顯示：民眾對總體經濟表
現的評估較能影響其投票，而本書的政治信任是民眾對於政府
的信心，選民認為將政治權力交給執政者之後，執政當局理應
為民眾謀福利。因此，我們將納入民眾對於未來經濟的評估。
此外，民眾對施政的評價的加總，應該可以用他們對於總統的
滿意度來進行分析。民眾對總統的滿意度，反映民眾對於總
統處理國家事務或是重要事件的滿意程度（Marra and Ostrom,
1989: 546）。總統雖是經由民眾以法定程序選出，執行其職
權，不過，持續獲得民眾的肯定與支持，是總統確保政策推動
的重要依據。正如 Easton（1965: 154）所言：「沒有政治相關

成員（politically relevant members）的支持時，權威當局在將成員的需求轉為產出或是執行決策的過程中，會面對嚴重的困難。」因此，在施政評價上，我們也納入民眾對於總統的滿意度。不過，在 2008 年的訪問中，我們是以民眾對於陳水扁總統的評價，在 2012 與 2016 年則是以民眾對於馬英九總統的評價進行分析，所以對 2008 年的解釋要格外注意。

　　在選舉支持上，本研究以民眾對於主要政黨、主要政黨提名的總統候選人之評價，以及在選舉中的投票支持為主要變數。在 2008 年到 2016 年的選舉中，國民黨與民進黨是兩個主要政黨，雖然其間有台聯、親民黨、無黨團結聯盟或是時代力量在國會中獲得一定的席次，不過，政治信任的標的是以「政府官員」為主，因此，本研究以執政的國民黨與民進黨為主，而並未納入其他政黨或是對候選人的評價。我們也會檢視民眾政治信任的高低在總統選舉中投票對象的差異。

　　至於民主價值部分，在美國政治學（Stouffer, 1956; Prothro and Grigg, 1960; McClosky, 1964）早期的研究，主要奠基於自托克維爾的《論美國的民主》一書中提出的：民主政體存在的先決條件是民眾對於一些基本的遊戲規則或是基本價值具有共識。這些民主政治的基本原則，一般包括：多數決、政治平等、支持民主政體是最好政體等等，以及對於一些程序上的自由權，例如人民的言論自由表達權以及集會與結社自由權的支持。而台灣在政治價值與民眾政治參與行為的相關研究中，以胡佛等人（1975）在一些未在期刊發表的早期研究以及其後發表的作品（胡佛，1988；袁頌西、陳德禹，1988），最

有系統。而林嘉誠（1984；1985）所發表的研究成果，也分別從民眾的民主價值（democratic values）、政治效能感（political efficacy）與政治信任（political trust）等政治態度，分析其對於民眾政治參與以及政黨支持的影響。近年來，有關民主價值（Chu and Lin, 1996; Lin, Chu, and Hinich, 1996；傅恆德，1994；徐火炎，1992；1993；1998）、疏離感（alienation）（楊國樞，1988）、政治容忍（Wang and Chen, 2008; Wang, Cheng, and Chen, 2009；黃秀端，1996）、政治效能感（吳重禮、湯京平、黃紀，1999；陳陸輝、耿曙，2008；陳陸輝、連偉廷，2008），以及相關的價值與態度傾向（Parish and Chang, 1996）等相關研究主題，陸陸續續再次成為台灣選舉研究的重要焦點。因此，本研究將涵蓋民眾對選舉的參與、對於府會分合觀念以及對民主體制的堅持等三個面向。在民眾的投票參與部分，由於台灣的選舉投票並未採用強制投票的方式，因此，民眾參與投票不但可以表達自己對特定政黨或是候選人的支持，也是對民主體系遊戲規則心理涉入（engagement）的重要指標，因此，本研究予以納入。此外，自 2000 年以來，民眾對於行政與立法兩個機構，應該由不同政黨主導（分立政府）以求彼此制衡或是讓單一政黨「完全執政」（一致政府）以利政策貫徹的「府會分合觀」（或稱「制衡觀」）也成為台灣選舉研究的關注焦點，本研究也將納入。當然，前述的民主價值中，最重部分，是對於民主制度的堅持，因此，民眾會不會堅持民主是最好的制度，也是我們要分析的重點。各變數的問卷題目以及在分析時的編碼方式，請參考附錄 4-1。

以下，我們就分別檢視，民眾的政治信任高低，對於他們的施政評價、選舉支持以及民主價值的影響。

參、研究發現與討論

依據表 2-1 的架構，我們將政治信任納入政治支持的脈絡之下，檢視不同層次政治支持之間的關聯。本章焦點在於討論政治信任的「政治後果」，因此，將以政治信任為自變數，討論它對於政府施政的評價、選舉支持以及民主價值的影響。

(一) 政治信任與施政評價

首先，從表 4-2 中，我們可以發現：民眾的政治信任與其對總體經濟的展望之間，在 2008 年與 2012 年都具有顯著的關聯性，不過，到了 2016 年這個關聯性即消失了。在第三章我們討論到，政治信任感與民眾的政黨傾向密切相關，特別是在 2008 年到 2016 年本研究使用的資料，以泛藍民眾的政治信任較高。而在本研究進行的 2008 年與 2012 年，是國民黨執政，所以詢問民眾對於未來經濟的展望，他們的政治信任是否會像一副有色眼鏡，左右他們的看法，頗值得觀察。從表 4-2 中可以發現：歷年認為未來台灣總體經濟將會變好的比例大約在 20% 上下，其中，在 2016 年最高，約占四分之一。相對地，認為台灣整體經濟情況將變差的比例，是逐年下降，從 2008 年的接近 40%，一路下滑到 2016 年的 25%。但是，民眾的政治信任與他們對經濟的展望之間，卻只有在 2016 年前具有一

定的關聯性。我們看到在 2008 年時，政治信任上「較為信任」的民眾認為經濟將會變較好的比例超過三分之一，但是「較不信任」者中有超過 50% 認為經濟將會變較差。到了 2012 年，「較為信任」的民眾，認為經濟會變較好的比例超過 40%，遠高於一般民眾的平均，「較不信任」的民眾則有超過 45% 認為整體經濟會變較差。到了 2016 年，民眾的政治信任與他們

表 4-2　政治信任與總體經濟展望的交叉分析（2008～2016）

		2008 年整體經濟展望 ***[b]			（樣本數）
		變較差	差不多	變較好	
政治信任類別	較不信任	51.1%	33.9%	15.1%	（558）
	普通信任	29.0%	43.2%	27.8%	（565）
	較為信任	23.4%	42.3%	34.3%	（201）
	小計[a]	37.5%	39.1%	23.4%	（1,324）
		2012 年整體經濟展望 ***			（樣本數）
		變較差	差不多	變較好	
政治信任類別	較不信任	45.4%	45.6%	8.9%	（482）
	普通信任	26.6%	54.4%	19.1%	（493）
	較為信任	13.7%	45.2%	41.1%	（343）
	小計	30.1%	48.8%	21.1%	（1,318）
		2016 年整體經濟展望			（樣本數）
		變較差	差不多	變較好	
政治信任類別	較不信任	24.3%	51.2%	24.5%	（572）
	普通信任	24.6%	50.6%	24.8%	（443）
	較為信任	27.4%	48.7%	23.9%	（234）
	小計	25.0%	50.5%	24.5%	（1,249）

資料來源：見表 4-1。
說明：[a] 表中數字為橫列百分比（括號內為樣本數）。
　　　[b] 卡方獨立性檢定：*：$p < 0.05$; **：$p < 0.01$; ***：$p < 0.001$。

對於整體經濟的預期之間，並無重要的關聯性。這也許是因為，未來的經濟發展優劣端視蔡英文政府的表現，而在訪問期間仍然由馬政府執政，所以民眾對馬政府的政治信任高低，與他們對於蔡英文總統未來總體經濟表現的展望之間，並無關聯。

　　至於民眾對於總統的期望，當然是希望他／她能夠帶給台灣和平的兩岸關係與繁榮的經濟環境，因此，政治信任高低與民眾對總統表現的滿意度之間是否具備一定的關聯性，其研究發現應該不會超乎預期。表 4-3 中我們發現了幾個趨勢：首先是政治信任與總統滿意度之間具備一定的關聯性。其次，在 2008 年以及 2016 年，民眾對當時將卸任的陳水扁總統或是馬英九總統的滿意度都是 27% 左右，也似乎反映了他們所提名的政黨候選人在選舉中的命運。馬英九總統在 2012 年競選連任後，他的滿意度將近 60%，我們也可以理解這是他可以順利連任的重要關鍵。進一步檢視民眾政治信任的高低與他們總統滿意度之間的關聯，我們從表 4-3 中可以看到：在 2008 年時，政治信任上「較不信任」的民眾，他們對陳水扁的滿意度顯著偏高，超過全體民眾的平均約 4 個百分點。而「普通信任」的民眾他們對陳總統的不滿意度最高，超過四分之三。為什麼在 2008 年時，普通信任者對陳水扁總統的滿意度上不如「較不信任」以及「較為信任」的兩個類別，主要的原因，是 TEDS2008 執行的期間為 2008 年的暑假期間，也就是馬英九總統 2008 年的 520 就職之後，因此，依據第三章的分析，政治信任低的「較不信任」民眾較具泛綠支持者的色彩，他們

表 4-3　政治信任與總統滿意度的交叉分析（2008～2016）

		2008 年總統滿意度 ***b		（樣本數）
		不滿意	滿意	
政治信任類別	較不信任	69.1%	30.9%	（622）
	普通信任	78.9%	21.1%	（608）
	較為信任	70.3%	29.7%	（212）
	小計 a	73.4%	26.6%	（1,442）
		2012 年總統滿意度 ***		（樣本數）
		不滿意	滿意	
政治信任類別	較不信任	66.2%	33.8%	（517）
	普通信任	34.7%	65.3%	（536）
	較為信任	13.3%	86.7%	（368）
	小計	40.6%	59.4%	（1,421）
		2016 年總統滿意度 ***		（樣本數）
		不滿意	滿意	
政治信任類別	較不信任	85.8%	14.2%	（626）
	普通信任	71.6%	28.4%	（454）
	較為信任	44.5%	55.5%	（245）
	小計	73.3%	26.7%	（1,325）

資料來源：見表 4-1。
說明：a 表中數字為橫列百分比（括號內為樣本數）。
　　　b 卡方獨立性檢定：*：$p < 0.05$; **：$p < 0.01$; ***：$p < 0.001$。

自然對總統的滿意度較高。至於「較為信任」的受訪者應該較具泛藍支持者的背景，他們會對陳水扁較為滿意，是頗令人意外的。不過，從陳陸輝（2002）的研究也發現，在 2001 年首次政黨輪替時，泛藍的民眾剛剛經歷中央政權的失去、泛綠的民眾剛剛慶祝取得中央政權，相對來說，他們在政治信任上，都較為正面，會不會是因為這個原因還有待後續分析。到了

2012 年與 2016 年，我們發現，政治信任感愈高的民眾，他們對總統的滿意度愈高，在 2012 年超過 86%，在 2016 年則超過 55%。因此，民眾的政治信任與他們對於總統的施政滿意度之間，具有正向的重要關聯性。

2017 年國慶日慶祝活動。

(二) 政治信任與選舉支持

　　民眾在選舉中投票支持特定政黨候選人，與其政治信任是否相關？在選舉政治中的幾個重要面向，我們對照表 2-1 的架構，納入選民對政黨的喜好程度、選民對政黨提候選人的喜好程度，以及在選舉中對政黨提名候選人的支持。

　　在表 4-4 中我們檢視選民對國民黨的喜好程度。原先的評分是 0 ～ 10 分，我們將 0 ～ 4 分編碼為「不太喜歡」國民黨，

表 4-4　政治信任與對國民黨好惡度的交叉分析（2008 ～ 2016）

		2008 年對國民黨好惡 ***[b]			（樣本數）
		不太喜歡	普普通通	比較喜歡	
政治信任類別	較不信任	42.5%	27.8%	29.7%	（637）
	普通信任	24.7%	26.0%	49.3%	（619）
	較為信任	21.8%	24.5%	53.7%	（216）
	小計[a]	32.0%	26.6%	41.4%	（1,472）
		2012 年對國民黨好惡 ***			（樣本數）
		不太喜歡	普普通通	比較喜歡	
政治信任類別	較不信任	46.8%	28.7%	24.4%	（536）
	普通信任	20.1%	30.3%	49.5%	（541）
	較為信任	6.1%	18.1%	75.8%	（359）
	小計	26.6%	26.7%	46.7%	（1,436）
		2016 年對國民黨好惡			（樣本數）
		不太喜歡	普普通通	比較喜歡	
政治信任類別	較不信任	62.9%	23.2%	13.9%	（628）
	普通信任	44.0%	27.1%	28.8%	（468）
	較為信任	25.4%	33.3%	41.3%	（252）
	小計	49.3%	26.5%	24.2%	（1,348）

資料來源：見表 4-1。
說明：[a] 表中數字為橫列百分比（括號內為樣本數）。
　　　[b] 卡方獨立性檢定：＊：$p < 0.05$; ＊＊：$p < 0.01$; ＊＊＊：$p < 0.001$。

5 分編碼為「普普通通」，至於 6 ～ 10 分編碼為「比較喜歡」
國民黨。我們可以發現，對國民黨「比較喜歡」的分布，從
2008 年的 41% 上升到 2012 年的 47%，不過，在 2016 年卻下
跌到不及四分之一。我們也同時看到「不太喜歡」國民黨的比
例，從 2008 年的接近三分之一，到 2012 年下降為 27%，但是
在 2016 年大幅上升到接近一半的比例。

　　在三個年度中，從卡方獨立性檢定可以看出，政治信任與民眾對國民黨的好惡之間，具有顯著的關聯性，三個年度一致的趨勢是：信任程度愈高，對國民黨的喜好程度愈高。在2008年時，「較為信任」的民眾有將近54%「比較喜歡」國民黨，這個比例在2012年上升到超過四分之三，但是到2016年則下跌至41%。至於「較不信任」者對國民黨「不太喜歡」的比例，在2008年是43%，到了2012年上升到47%，至2016年更上升到63%。所以，從第三章的分析我們可以看到泛藍政黨認同者的信任較高，我們從表4-4的分析也再次印證這一點。

　　接著我們再看民眾對民進黨的好惡程度。整體來說，從表4-5中可以看到的是，民眾「比較喜歡」民進黨的比例逐年上升，在2008年只有略高於四分之一、2012年上升到四成、2016年更上升到四成五。同時期則看到「不太喜歡」民進黨的比例從2008年的43%、下跌到2012年的不及三分之一、到2016年更下降到27%。

　　不過，民眾的政治信任與對民進黨的好惡，在2008年的關係比較特別。在2008年時，「較不信任」的民眾有接近32%「比較喜歡」民進黨，但有接近37%「不太喜歡」民進黨、「較為信任」者有27%「比較喜歡」民進黨而有約45%「不太喜歡」民進黨，相對地，「普通信任」的民眾對民進黨的喜好程度最低，只有24%，卻有接近50%「不太喜歡」民進黨。到了2012年之後，我們看到明確的趨勢為：政治信任愈高、愈不喜歡民進黨。在2012年時，「較不信任」者有51%「比

表 4-5　政治信任與對民進黨好惡度的交叉分析（2008 ～ 2016）

| | | 2008 年對民進黨好惡 ***[b] | | | （樣本數） |
		不太喜歡	普普通通	比較喜歡	
政治信任類別	較不信任	36.9%	31.3%	31.8%	（635）
	普通信任	48.7%	27.6%	23.7%	（616）
	較為信任	44.6%	28.2%	27.2%	（213）
	小計[a]	43.0%	29.3%	27.7%	（1,464）
		2012 年對民進黨好惡 ***			（樣本數）
		不太喜歡	普普通通	比較喜歡	
政治信任類別	較不信任	22.1%	26.6%	51.2%	（533）
	普通信任	34.0%	28.0%	38.0%	（539）
	較為信任	44.0%	30.0%	26.1%	（357）
	小計	32.1%	28.0%	40.0%	（1,429）
		2016 年對民進黨好惡			（樣本數）
		不太喜歡	普普通通	比較喜歡	
政治信任類別	較不信任	23.8%	26.2%	50.1%	（627）
	普通信任	28.6%	27.4%	44.0%	（468）
	較為信任	34.1%	31.0%	34.9%	（252）
	小計	27.4%	27.5%	45.1%	（1,347）

資料來源：見表 4-1。
說明：[a] 表中數字為橫列百分比（括號內為樣本數）。
　　　[b] 卡方獨立性檢定：*：$p < 0.05$; **：$p < 0.01$; ***：$p < 0.001$。

較喜歡」民進黨、在 2016 年則有 50%。而「較為信任」者，
在 2012 年有 44%「較不喜歡」民進黨，這個比例在 2016 年下
降到三分之一左右。因此，除了 2008 年因為政黨輪替後執行
的訪問，民眾的政治信任與對民進黨的喜好度的關係較不明確
外，在 2012 年與 2016 年調查的明確趨勢，是民眾對權威當局
的政治信任愈低，愈喜歡在野的民進黨。

　　政治信任的政治效果，除了對於國內兩個主要政黨的喜好程度有所影響之外，會不會也影響民眾對於兩個主要政黨總統提名人的好惡？在 2008 年時，只有國民黨與民進黨提名總統候選人，不過，在 2012 年與 2016 年都是三強鼎立的情況，除了兩大政黨之外，親民黨的宋楚瑜主席都有參選。不過，從其他的研究可以發現，民眾對宋楚瑜的喜好度未必能轉換成對他的支持度。在 2012 年以及 2016 年的選舉中，從 TEDS2012 與 TEDS2016 年的資料可以看出，當民眾對於國民黨與民進黨兩個主要政黨提名的候選人，在他們的人格特質、能力以及政治情緒上，給予較為正面的評價時，選民較傾向投給兩個主要政黨的候選人，不過，選民在上述的評價上給予宋楚瑜較為正面的評價時，卻未必將選票投給宋楚瑜（陳陸輝，2018，第五章）。因此，本研究僅以民眾對兩個主要政黨候選人的喜歡度為焦點，檢視政治信任與這兩個喜好度之間的關聯性。

　　在表 4-6 中可以發現，民眾對於 2008 年與 2012 年國民黨提名的總統候選人馬英九喜歡的比例，從 56% 上升到 60%，不過在 2016 年對朱立倫的喜好比例卻下跌到僅有四分之一。而「不太喜歡」國民黨提名候選人的比例則從 2008 年的 23% 下跌到 2012 年的 21%，但在 2016 年卻暴增到接近 50%。三個年度中，政治信任與對國民黨提名總統候選人之間，都具有顯著的關聯性，方向大致是信任感愈高者、對國民黨候選人的喜好度愈高，儘管在 2008 年「較為信任」的民眾「不太喜歡」的比例比「普通信任」者略高一點。在 2008 年「較為信任」者「比較喜歡」國民黨候選人的比例接近三分之二、在

表 4-6　政治信任與對國民黨候選人好惡度的交叉分析（2008 ～ 2016）

		2008 年對國民黨候選人好惡 ***b			（樣本數）
		不太喜歡	普普通通	比較喜歡	
政治信任類別	較不信任	32.0%	23.0%	45.0%	（635）
	普通信任	14.8%	20.1%	65.1%	（621）
	較為信任	16.5%	17.4%	66.1%	（218）
	小計 a	22.5%	21.0%	56.6%	（1,474）
		2012 年對國民黨候選人好惡 ***			（樣本數）
		不太喜歡	普普通通	比較喜歡	
政治信任類別	較不信任	38.2%	24.4%	37.4%	（537）
	普通信任	13.2%	20.7%	66.1%	（537）
	較為信任	5.5%	9.1%	85.4%	（364）
	小計	20.6%	19.1%	60.3%	（1,438）
		2016 年對國民黨候選人好惡			（樣本數）
		不太喜歡	普普通通	比較喜歡	
政治信任類別	較不信任	62.4%	23.6%	14.0%	（628）
	普通信任	43.0%	29.0%	28.0%	（472）
	較為信任	24.7%	30.9%	44.4%	（259）
	小計	48.5%	26.9%	24.7%	（1,359）

資料來源：見表 4-1。
說明：a 表中數字為橫列百分比（括號內為樣本數）。
　　　b 卡方獨立性檢定：* : $p < 0.05$; ** : $p < 0.01$; *** : $p < 0.001$。

2012 年則上升到 85%，可惜在 2012 年下跌至 44%。至於「較不信任」的民眾，在 2008 年「不太喜歡」國民黨候選人的比例約三分之一，在 2012 年接近 40%，但是在 2016 年卻超過 60%。因此，民眾對於執政黨施政表現與預期符合程度的政治信任，也與他們對於執政黨提名候選人的評價之間息息相關。

　　我們再從表 4-7 檢視一下，民眾對民進黨候選人「比較喜歡」的比例。在 2008 年約有 41%、到 2012 年上升到 54%，到了 2016 年更高達 62%。至於「不太喜歡」民進黨候選人的比例，則從 2008 年的約三分之一，下降到 2012 年的四分之一，到了 2016 年則只剩大約七分之一了。當然，我們也可以看出這是 2012 年蔡英文擔任民進黨總統候選人以來，所持續

表 4-7　政治信任與對民進黨候選人好惡度的交叉分析（2008 ～ 2016）

		2008 年對民進黨候選人好惡 ***[b]			（樣本數）
		不太喜歡	普普通通	比較喜歡	
政治信任類別	較不信任	27.8%	27.7%	44.5%	（636）
	普通信任	38.9%	25.5%	35.6%	（620）
	較為信任	29.0%	25.2%	45.8%	（214）
	小計[a]	32.7%	26.4%	41.0%	（1,470）
		2012 年對民進黨候選人好惡 ***			（樣本數）
		不太喜歡	普普通通	比較喜歡	
政治信任類別	較不信任	14.3%	16.2%	69.5%	（537）
	普通信任	29.1%	20.8%	50.1%	（533）
	較為信任	41.3%	21.1%	37.7%	（361）
	小計	26.6%	19.1%	54.2%	（1,431）
		2016 年對民進黨候選人好惡			（樣本數）
		不太喜歡	普普通通	比較喜歡	
政治信任類別	較不信任	13.4%	19.0%	67.6%	（632）
	普通信任	14.4%	25.2%	60.4%	（472）
	較為信任	22.0%	25.9%	52.1%	（259）
	小計	15.4%	22.5%	62.1%	（1,363）

資料來源：見表 4-1。
說明：[a] 表中數字為橫列百分比（括號內為樣本數）。
　　　　[b] 卡方獨立性檢定：* ：$p < 0.05$; ** ：$p < 0.01$; *** ：$p < 0.001$。

累積的民氣。接著，我們也檢視政治信任與民眾對民進黨候選人好惡程度的關聯性。三個年度兩個變數的卡方獨立性檢定達到顯著程度，換言之，這兩個變數之間具有一定的關聯程度。同樣地，因為2008年是在政黨再次輪替之後所執行的訪問，所以可看到民眾政治信任與他們對民進黨提名的總統候選人謝長廷先生的好惡程度之間的關係並沒有明確的方向性。「較不信任」與「較為信任」的民眾，對他「比較喜歡」的比例都落在45%上下，而「普通信任」的民眾，對他「不太喜歡」的比例最高，接近40%。到了2012年與2016年，這兩個變數之間的方向性關係較為明確，愈不信任政府者，愈喜歡民進黨提名的總統候選人蔡英文女士。在2012年有接近70%、在2016年則超過三分之二。至於「較為信任」者，在2012年「不太喜歡」蔡英文的有超過40%，但是2016年則只有22%。

　　當然，我們更希望瞭解，民眾的政治信任會不會轉換成在選舉中的選票支持。可惜，因為TEDS歷次面訪執行的時間都是在選舉之後，我們僅能分析政治信任與選舉支持之間的關聯性。特別是在2008年，訪問是在6月間執行，當時馬英九已經執政1個多月了，所以政治信任在因果關係上，也許是受民眾選舉支持的影響。我們看到表4-8中民眾的選舉支持。在每次選舉後的民調中，當選人的得票都會出現比較高的現象，表4-8也是如此。民眾表示支持國民黨候選人的比例，在2008年約63%、2012年約56%，都比國民黨實際得票為高，但是2016年則降低到27%，則低於朱立倫實際得到的31%。至於民眾對民進黨候選人的支持比例，在2008年是37%、2016年

表 4-8　政治信任與選舉支持的交叉分析（2008 ～ 2016）

		2008 年總統選舉支持候選人 ***[b]			（樣本數）
		國民黨	民進黨	親民黨	
政治信任類別	較不信任	51.0%	49.0%	---	（504）
	普通信任	70.4%	29.6%	---	（513）
	較為信任	74.3%	25.7%	---	（179）
	小計[a]	62.8%	37.2%	---	（1,196）
		2012 年總統選舉支持候選人 ***			（樣本數）
		國民黨	民進黨	親民黨	
政治信任類別	較不信任	29.8%	66.3%	4.0%	（430）
	普通信任	60.1%	37.4%	2.5%	（439）
	較為信任	84.6%	14.4%	0.9%	（319）
	小計	55.7%	41.7%	2.6%	（1,188）
		2016 年總統選舉支持候選人			（樣本數）
		國民黨	民進黨	親民黨	
政治信任類別	較不信任	17.0%	73.3%	9.7%	（495）
	普通信任	28.2%	59.3%	12.5%	（376）
	較為信任	51.0%	40.9%	8.1%	（198）
	小計	27.2%	62.4%	10.4%	（1,069）

資料來源：見表 4-1。
說明：[a] 表中數字為橫列百分比（括號內為樣本數）。
　　　[b] 卡方獨立性檢定：*：$p < 0.05$; **：$p < 0.01$; ***：$p < 0.001$。

約 42%，都比實際得票來得低，但是到了 2016 年則為 62%，
遠高於蔡英文實際得票率的 56%。不過，民眾對於宋楚瑜在
2012 年與 2016 年民調支持度，雖與實際得票接近，但還是略
低了一些。

　　我們再檢視政治信任與民眾的選舉支持，我們發現政治信
任愈高的民眾，歷年對國民黨候選人的支持度愈高，在 2008

年較為信任者有接近四分之三支持馬英九、2012 年則上升到
84%、2016 年對朱立倫的支持度則下跌到 51%。至於較不信
任者對民進黨的支持，在 2008 年約一半、到了 2012 年約三分
之二、到了 2016 年更上升到約四分之三的比例。至於較不信
任的民眾，對於「第三勢力」會不會較為支持？在 2012 年他
們對宋楚瑜的支持度僅 4%，在 2016 年不及 10%，比全體民
眾的平均為低，所以，並不存在相關的趨勢。所以，西方學者
認為政治信任低落會造成對第三黨的支持，在本研究觀察的兩
次選舉中，並未發生。

(三) 政治信任與民主價值

　　政治信任如果是對政府官員的信任，且隨著執政黨輪替，
不同政黨傾向的民眾政治信任也跟著變化，那麼，對於民主參
與以及民主價值會不會有所影響？這一節將檢視民眾不同程度
的政治信任對於投票參與、府會分合觀、民主堅持三者之間的
關聯性。

　　首先，我們先看民眾的投票參與。在民主國家，政治權力
的延續或是更替，是由選民投票決定的，因此，選民願不願意
參與投票，是他們對於所處政治體系關注與否的重要關鍵。我
們在三次的選後民調都看到，有超過 84% 的民眾表示有去投
票，在 2012 年更接近 89%，雖然比實際的投票率高出許多，
不過，其實也顯示了受訪者對於投票參與的興趣與熱情，儘管
在 2016 年的總統選舉，實際投票率僅 66%。

　　我們也從表 4-9 中可以發現：在 2008 年與 2012 年時，民

表 4-9　政治信任與投票參與的交叉分析（2008 ～ 2016）

		2008 年投票參與		（樣本數）
		未投票	投票	
政治信任類別	較不信任	13.6%	86.4%	（662）
	普通信任	11.0%	89.0%	（635）
	較為信任	8.4%	91.6%	（225）
	小計 [a]	11.8%	88.2%	（1,522）
		2012 年投票參與 *[b]		（樣本數）
		未投票	投票	
政治信任類別	較不信任	13.3%	86.7%	（556）
	普通信任	11.4%	88.6%	（554）
	較為信任	8.1%	91.9%	（370）
	小計	11.3%	88.7%	（1,480）
		2016 年投票參與		（樣本數）
		未投票	投票	
政治信任類別	較不信任	16.0%	84.0%	（650）
	普通信任	15.2%	84.8%	（481）
	較為信任	16.0%	84.0%	（262）
	小計	15.7%	84.3%	（1,393）

資料來源：見表 4-1。
說明：[a] 表中數字為橫列百分比（括號內為樣本數）。
　　　[b] 卡方獨立性檢定：*：$p < 0.05$; **：$p < 0.01$; ***：$p < 0.001$。

眾政治信任愈高，愈傾向投票，政治信任是「較為信任」者所回報的投票率約 92%，至於「較不信任」者不投票的比例約 13%。不過，到了 2016 年，這兩個變數之間並沒有明確的方向性。政治信任的高低與民眾是否投票兩個變數間是統計上彼此獨立的。

　　至於另外一個政治態度是民眾對府會的分合觀。自 2000 年起，中央政府出現民進黨掌握行政機構，泛藍掌握立法院的過半數時，行政與立法一致與否以及對於國家治理影響的相關討論，就出現在台灣的學術研究中（吳重禮，2000）。其中，從民眾政治態度討論是否會形成分立政府的「府會分合觀」（或稱「制衡觀」）受到重視。從表 4-10 中可以發現：

表 4-10　政治信任與府會分合觀的交叉分析（2008 ～ 2016）

| | | 2008 年府會分合觀 ***[b] | | （樣本數） |
		分立制衡	一致貫徹	
政治信任類別	較不信任	64.8%	35.2%	（583）
	普通信任	53.1%	46.9%	（573）
	較為信任	50.7%	49.3%	（201）
	小計 [a]	57.8%	42.2%	（1,357）
		2012 年府會分合觀 ***		（樣本數）
		分立制衡	一致貫徹	
政治信任類別	較不信任	77.7%	22.3%	（516）
	普通信任	60.6%	39.4%	（526）
	較為信任	45.1%	54.9%	（350）
	小計	63.1%	36.9%	（1,392）
		2016 年府會分合觀		（樣本數）
		分立制衡	一致貫徹	
政治信任類別	較不信任	49.8%	50.2%	（586）
	普通信任	53.2%	46.8%	（444）
	較為信任	49.8%	50.2%	（243）
	小計	51.0%	49.0%	（1,273）

資料來源：見表 4-1。
說明：[a] 表中數字為橫列百分比（括號內為樣本數）。
　　　[b] 卡方獨立性檢定：*：$p < 0.05$; **：$p < 0.01$; ***：$p < 0.001$。

民眾支持總統職位與立法院的多數席次應該由不同政黨掌握的分立制衡比例，自 2008 年的 58% 上升到 2012 年的 63%，但是到 2016 年則下跌到 51%。同樣地，認為應該由同一政黨掌握的「一致貫徹」比例，由 2008 年的 42% 下跌到 2012 年的 37%，到 2016 年則回升到接近 50%。這個變數與政治信任之間的關聯性在 2008 年與 2012 年達到統計上的顯著程度。趨勢是愈信任者，愈傾向支持一致政府。其比例從 2008 年的接近 50% 上升到 2012 年的接近 55%。至於較不信任者支持分立制衡的比例，則從 2008 年的 65% 上升到 2012 年的超過四分之三。2016 年時，普通信任者支持分立制衡的比例為 53%，希望一致貫徹則是 47%，而政治信任較高與較低者，其支持一致政府的比例都是一半。

　　此外，民主體制雖然未必是最佳的政體，但是，對民眾權利的保障上，較其他體制具有一定的優越性。在上述討論民主價值時，學者就認為，民眾對民主政體的堅持，是讓民主政治妥善運作的基石。我們從表 4-11 中可以發現：民眾認為民主是最好制度的比例，在 2008 年約 47%，在 2012 年達到 56%，而在 2016 年接近 50%。不過，僅有在 2008 年，這個變數與政治信任間的關聯性達到統計上的顯著程度。在 2008 年跟 2012 年，政治信任愈高者，愈堅持民主是最好的政體。在 2008 年較為信任者有 58% 持此看法、2012 年也大致是這個比例。相對地，較不信任者則在 2008 年僅有 43%、2012 年上升到 54%。到了 2016 年兩者關係「逆轉」，愈不信任者愈認為民主是最好的政體，其比例約 50%。因此，民眾對於民主體

表 4-11　政治信任與民主堅持的交叉分析（2008 ～ 2016）

		2008 年民主堅持 *** b		（樣本數）
		其他	民主最好	
政治信任類別	較不信任	56.9%	43.1%	（661）
	普通信任	53.5%	46.5%	（635）
	較為信任	42.7%	57.3%	（225）
	小計 a	53.4%	46.6%	（1,521）
		2012 年民主堅持		（樣本數）
		其他	民主最好	
政治信任類別	較不信任	46.0%	54.0%	（556）
	普通信任	44.4%	55.6%	（554）
	較為信任	42.4%	57.6%	（370）
	小計	44.5%	55.5%	（1,480）
		2016 年民主堅持		（樣本數）
		其他	民主最好	
政治信任類別	較不信任	49.6%	50.4%	（649）
	普通信任	51.1%	48.9%	（481）
	較為信任	55.0%	45.0%	（262）
	小計	51.1%	48.9%	（1,392）

資料來源：見表 4-1。
說明：a 表中數字為橫列百分比（括號內為樣本數）。
　　　b 卡方獨立性檢定：*：$p < 0.05$; **：$p < 0.01$; ***：$p < 0.001$。

制的堅持，與政治信任的關聯性並不明確，雖然在 2008 年與 2012 年出現較為明確的趨勢，但是，僅有 2008 年可以觀察到這兩個變數之間的顯著關係。

　　不過，若是換另一個角度講，本研究認為政治信任是對權威當局的信任，因此，當民眾政治信任低落時，如果對於民主

制度仍然有所堅持，則民眾對官員的信任可以跟對制度的堅持脫鉤，讓民主制度得以繼續維持，甚至願意挺身捍衛。因此，儘管民眾的政治信任會因為執政表現的好壞有所波動，但是對於民主制度的堅持若能持續，民主體制只需藉由選出更得民心的政黨或是執政者，在民主體制順利的運作下，依然可以為民眾謀福利。

肆、結論

　　本章延續第三章有關政治信任感的測量方式，並利用在第二章的表 2-1 中所提出「政治支持」的架構，將民眾的政治信任與其他不同層次的政治支持之間的關聯性做初步的分析。本章初步的發現是：民眾對於政府官員的信任，不但給予執政者政權合法性來源，更是執政者權力行使的重要後盾。政治信任更與民眾的民主參與以及民主價值有所關聯。而執政者是否依法行政以及善盡民眾的付託，制定符合民意的政策並且妥善予以執行，又進一步影響民眾對於執政者的信賴。因此，對台灣地區民眾政治信任感的掌握以及瞭解引領民眾政治信任感的持續與變遷的原動力，是我們研究台灣民主化時，不可忽視的重要課題。

　　以本章對於政治信任感政治後果的研究發現而言，當民眾的政治信任感低落時，對於整體經濟前景的展望、對於總統的評價、對於執政黨籍或其提名候選人的好惡或支持、在投票的參與上、對一致政府的支持、對民主是否為最好體制的堅持

上，也會抱持較為負面或是悲觀的看法。因此，所謂「民無信不立」，雖是古人的智慧，但是應用在現代國家的治理，也相當貼切。政黨執政之後，如何興利除弊、以民為先，是國家治理的重要課題。相對地，當政府過於傲慢或是出現諸如「治國無方」或是貪瀆不法的情事，乃至一些重大弊案或是醜聞的話，不但有損民眾的政治信任，更對於我國民主政治的優質發展，埋下負面且危險的因子。長久以往，對於我國民主政治的發展，必定是一個威力強大的不定時炸彈。

雖然 Citrin（1974）以及 Citrin 與 Green（1986）認為政治信任的對象，僅是民眾對於執政黨的所做作為以及施政成果的評量，而民眾的政治信任感低落，引發的僅是政黨輪替。不過，對於台灣而言，民主政治運作的經驗仍在累積，政黨間的分裂與競爭、政治人物的操守與能力以及執政黨的施政表現，不但對於特定政黨能否執政關係甚鉅，也與民眾對政府的評價甚至對於我國民主制度的堅持，有著一定的關聯。因此，將政治信任這個重要概念放在台灣這個新興民主國家的研究脈落中，其實有其更重要的價值。換言之，一個新興民主國家之中，政治信任感不但攸關政黨的政權輪替，可能對於民主政治的實際運作，產生重要影響。若是大多數民眾的政治信任感低落，則其對於台灣民主政治的實施將沒有太大的信心，長久以往，我們很難期望，台灣可以出現優質的民主政治。

從 2000 年的總統選舉以來，台灣已經歷經三次政權輪替。在這 16 年當中，我們常常以憲政制度的變革、政治菁英間的合縱連橫、甚至兩岸關係穩定與否，來觀察台灣民主政治

的發展與未來。本章延續第三章的政治信任主題，進一步以台灣民眾的政治信任感為出發點，檢視過去三次總統選舉以來，這個重要政治態度對其他政治支持面向的影響。就民主政治的持續與穩定而言，民眾對政治人物的信任，是健全政黨競爭、政權和平轉移以及社會安定的重要心理基礎。從過去 10 幾年的觀察，政黨之間藉由提出不同理念、各自的候選人以及在各種政治舞台的表現與相互競爭中，贏得選民在不同選舉中的支持。綜合本章有關政治信任感的政治後果分析，我們相信：民眾的政治信任感不但是測量政府施政表現的一個敏感的溫度計，更是我國民主政治良性發展的一個重要標竿。對於關心台灣民主政治與政黨政治發展的研究者來說，民眾政治信任感的政治後果，絕對是一個不可忽略的觀察重點。我們將再下一章繼續討論，政治信任與政治抗議之間的關聯性。

附錄 4-1

　　本研究使用變數的重新編碼以及指標建構方式，茲說明如下。其中，有關建構新指標後的相關統計檢定以及新指標的分布資訊，請參考文中說明。政治信任的問卷題目與編碼方式請參考第三章附錄 3-1 說明。

一、施政評價的測量

1. 整體經濟展望測量

　　請問您覺得台灣在未來的一年經濟狀況會變好、還是變不好，或是差不多？

　　我們歸類為「變較差」、「差不多」、「變更好」三項。

2. 總統滿意度

　　請問您對陳水扁／馬英九擔任總統期間的整體表現，您覺得是非常滿意、還算滿意、不太滿意、還是非常不滿意？

　　在 2008 年詢問的總統是陳水扁先生，在 2012 年與 2016 年則是馬英九先生。我們將答案歸類為：「滿意」（包括非常滿意與還算滿意兩項）與「不滿意」（包括不太滿意與非常不滿意兩項）這兩類。

二、選舉支持的測量

1. 對政黨的好惡

　　我們想要請您用 0 到 10 來表示您對國內幾個政黨的看法，0 表示您「非常不喜歡」這個政黨，10 表示您「非常喜歡」

這個政黨。

首先請問您會給國民黨多少？

那民進黨呢？

　我們將 0～4 歸類為「不太喜歡」、5 為「普普通通」、6～10 為「比較喜歡」。

2. 對主要政黨候選人的好惡

　接著，我們想要請您用 0 到 10 來表示您對這次總統選舉幾個候選人的看法，0 表示您「非常不喜歡」這個候選人，10 表示您「非常喜歡」這個候選人。

　請問，0 到 10 您會給馬英九多少？（TEDS2008、TEDS2012）

　請問，0 到 10 您會給謝長廷多少？（TEDS2008）

　請問，0 到 10 您會給蔡英文多少？（TEDS2012、TEDS2016）

　請問，0 到 10 您會給朱立倫多少？（TEDS2016）

　我們將 0～4 歸類為「不太喜歡」、5 為「普普通通」、6～10 為「比較喜歡」。

3. 選舉支持

　請問您投票給哪一組候選人？

　TEDS2008 的兩位候選人是：馬英九（國民黨）、謝長廷（民進黨）。

　TEDS2012 的三位候選人是：馬英九（國民黨）、蔡英文（民進黨）、宋楚瑜（親民黨）。

　TEDS2016 的三位候選人是：朱立倫（國民黨）、蔡英文

（民進黨）、宋楚瑜（親民黨）。

三、民主價值的測量

1. 投票參與的測量

　　在這一次舉行的總統大選中，有很多人去投票，也有很多人因各種原因沒有去投票，請問您有沒有去投票？

　　本研究將民眾回答歸類「投票」與「未投票」兩類。

2. 府會分合觀的測量

　　請問，下列兩種說法，您比較同意哪一個？

　　（01）總統與立法院的多數立委最好是不同黨，才能互相制衡。

　　（02）總統與立法院的多數立委最好是同一政黨，才可以貫徹政策。

　　本研究將 01 選項編碼為「分立制衡」，02 選項編碼為「一致貫徹」，其他類別設為缺失值。

3. 民主堅持

　　接著再請教您一些對於台灣民主政治的看法，對於卡片上這三種說法，請問您比較同意哪一種？

　　（01）不管什麼情況，民主政治都是最好的體制。

　　（02）在有些情況下，獨裁的政治體制比民主政治好。

　　（03）對我而言，任何一種政治體制都是一樣。

　　本研究將 01 選項歸類為「民主堅持」，其他選項歸類為「其他」。

第五章

信任與抗議：
解析台灣民眾政治抗議的動力 *

- 壹、四種政治傾向民眾與政治參與
- 貳、研究資料與研究假設
- 參、信任、效能與支持
- 肆、結論

* 本論文部分內容收錄在張福建主編，2009，《公民與政治行動：實證與規
範之間的對話》。台北：中央研究院人文社會科學研究中心政治思想研究
專題中心。頁 181–214。本文延續該論文，內容增加太陽花學運的資料，
做了大幅的增修與延伸。作者感謝上述單位惠予使用部分內容。

　　在民主國家，民眾利用定期的選舉，使其不信任或是漠視民意的政治人物或是政黨下台，是民主政治的常態。不過，在行政首長任期固定而短期內無選舉機會時，除了制度上既有的罷免或是彈劾手段，民眾想要求行政首長自動下台，須視該首長對民意回應性的程度。在 2006 年 8 月開始的「百萬人民倒扁運動」（以下簡稱「倒扁運動」），正是對陳水扁總統不信任，卻又冀望其主動下台的一個典型範例。而在 2014 年 3 月期間的「反服貿運動」或是「太陽花學運」，是另外一個在野黨對於執政的馬英九總統過度傾向中國大陸的一項反動。

　　本章希望探討：在 2006 年 9 月 9 日正式於凱達格蘭大道登場的「倒扁運動」、在 9 月 16 日由台灣社舉辦而也在凱道舉行的「我們在向陽的地方」的「保護本土政權挺扁活動」（以下簡稱「挺扁活動」），以及在 2014 年的「太陽花學運」，究竟吸引哪些支持者？從政治信任的角度而言，民眾的政治信任，是對執政者的信心。「挺扁活動」、「倒扁運動」與「太陽花學運」各自吸引了對執政當局信任與不信任的群眾。不過，民眾對政府信任與否，也許未必是促使他們走上街頭的重要因素，要能夠讓民眾挺身走上街頭的另外一個心理要素，當屬民眾的政治效能感。政治效能感意指民眾對於執政當局回應性的主觀評估。就「挺扁」、「倒扁」與太陽花學運的支持者而言，在某些程度上，應該都具有一定程度的政治效能感。因此，我們將政治效能視為獨立變數，來解析「倒扁運動」、「挺扁活動」與太陽花學運的支持者，也許有其限制。因此，本研究將結合政治信任與政治效能感成為一個四分類的變數，解析

民眾支持「倒扁運動」、「挺扁活動」以及對「太陽花學運」支持與否背後的動力。

壹、四種政治傾向民眾與政治參與

　　本書第二章對於政治信任已經有了深入的介紹，本章將略述政治效能感的意義，以及依照第二章表 2-2 的分類，提出民眾政治傾向的四種類型。

　　在關注民眾對投票參與冷漠的美國，政治效能感的研究相當受到重視。Abramson（1983: 135）就指出：政治效能感是僅次於政黨認同，受到最多美國學者研究的政治態度。有關政治效能感的測量，最早由 Campbell 等人（1954: 181-194）提出[1]，而在 Almond 與 Verba 所著的《公民文化》（1963）一書中，兩位作者針對美國、墨西哥、英國、西德以及義大利五國民眾的**主觀政治能力**（subjective political competence），進行比較分析。[2] 從 Campbell 與其同僚（1954; 1960）的研究可以發現：民眾的政治效能感與其投票參與有密切的關聯，即使在控制了民眾的教育程度之後，政治效能感愈高的民眾，其愈傾向參與投票。而 Almond 與 Verba（1963）則發現：民眾自認是政治上有能力者，他們對於政治事務較熟悉、對選舉較注意也愈會與人討論政治。此外，在各國民眾中，要是其主觀上認為政治能力較高者，愈認為公民應有義務積極參與政治。

　　雖然政治效能感是民眾參與政治的重要因素，不過，當討論到民眾會不會因為對執政者不滿，而走上街頭時，民眾對

於執政當局信任與否的政治信任，就必須納入考量。以下，我們以學者的討論，來將政治效能與政治信任不同程度的民眾予以分類。在相關的討論中，對於政治疏離的描述應屬最多，我們在第二章討論政治支持的不同層次中，Easton（1965: 177）將政治支持的最高層次 ── **政治社群**，定義為政治體系，它**「包含以政治分工結合而成的一群人，個別成員透過多元的政治關係結合在一起並追求該體系的政治目標。」**因此，相對而言，未能夠融入政治體系內，即為政治疏離者。

Lane（1962: ch. 10）認為**政治疏離係指：個人自外於他所處社會的政治或政府之外**。換言之，他認為政治不關他的事、政府不是他的政府，甚至憲法也不是他的憲法。因此，**疏離是指心理上不僅對政治事務不感興趣，甚至是完全排斥**。Lane（1962: 162）認為政治疏離者在態度上有三種表徵：首先是認為自己對政治毫無影響也不願參與，這表示個人對政治極為消極。其次，政府不為我的利益運作，也不在乎我的利益。換言之，政府是不會關心我的。最後則是，我不贊成政府的決策，政治的遊戲規則既不公平也不具合法性，連所謂的憲政原則也是騙人的（fraudulent）。因此，Lane 的上述三種描述中，前兩種與一般學者討論的政治效能感接近，而第三種則接近政治信任。在後續的研究中，許多學者即以政治信任與政治效能等兩個面向，討論政治疏離。

Finifter（1970）運用 Almond 與 Verba（1963）所蒐集的資料進行分析。她運用 Seeman 對疏離的相關討論，提出了以下政治疏離的四個面向：**政治無力感**（political powerlessness）、**政**

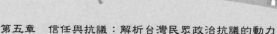

治無意義（political meaningless）、政治失範的認知（perceived political normlessness）以及政治孤立（political isolation）。[3] 不過，在實際分析上，她提出了政治無力與政治失範這兩個面向來詮釋政治疏離這個概念。她的初步分析發現：民眾的社會經濟地位以及政治參與等變數，與其政治無力感相關程度較高，而族裔背景與人際信任，則與失範感較為相關。她在政治無力感的指標建構上，是以政治效能感相關的變數為主，而政治失範感則以對於警察與政府官員是否依法行事、公平對待等政治信任的概念相關。因此，Finifter（1970: 405）指出，政治無力感與政治失範為政治疏離的兩個顯著不同的面向，我們應該思考不同的政治參與類型與政治無力感的關聯程度。她進一步依照政治失範的認知與政治無力的高低，提出劃分四種解釋民眾不同政治行為類型的建議。

　　本文按照 Finifter 上述想法，在第二章的表 2-2 中提出四種政治傾向的類型。在表 2-2 的左上角為政治疏離型的民眾，他們的政治信任感低且政治效能感低。第二類型為政治抗議型民眾，他們的政治信任低，卻認為政府對其需求會有所回應，因此，對於政府的不信任加上自我政治效能高的政治抗議型民眾，應該是走上街頭抗爭的重要成員。至於政治順從型的民眾，他們雖然政治信任高但是效能感卻低，所以，與所謂的「順民」或是「臣民」類似，他們應該是對政府消極的支持者。至於政治體制最需要的政治忠誠（political loyal）的民眾，他們願意積極投入政治且信任政府政策輸出，應該是任何政權最主要的支持者。

　　因此，由於在本研究分析的是民眾支持「挺扁活動」、「倒扁運動」或是「太陽花學運」，上述四種類型提供較政治信任與政治效能更佳的分類方式。由於「倒扁運動」是對當時陳水扁總統以及第一家庭涉及的貪腐傳聞的不滿，在現有體制下，循罷免程序幾乎無法將其罷免的情況下，所產生的活動。其目的，是希望陳水扁總統「自動下台」。因此，在民進黨執政期間，民眾對於政治的不信任感是「倒扁」的一個決定因素，而對於陳水扁總統的被動「回應性」有所期待，則是挺身參與活動的另外一個因素。我們可以預期的是：在政治功效感較高卻信任感低的政治抗議型民眾，應該有較高的比例，支持「倒扁運動」。當然，場景換到 2014 年 3 月 18 日之後的「太陽花學運」，我們也可以預期，有這樣傾向的民眾或是學生應該會積極參與學運。相對地，「挺扁活動」應該來自政治信任感高且政治效能感高的民眾，因此，我們預期，他們有較高的比例會支持「挺扁活動」。此外，比較值得注意的是政治疏離型的民眾，他們一定不是「挺扁活動」的支持者，但是他們對於「倒扁運動」或是「太陽花學運」是否支持，是一個關注焦點。如果「倒扁運動」或「太陽花學運」吸引政治疏離民眾的支持，則對於我們討論政治效能感在台灣選舉政治的研究上，就提供了一個重要的理論意義。換言之，當民眾既不信任執政當局也不相信其會回應民眾在政治上的要求時，則採取較為積極的街頭運動或是社會運動，變成他們的一個重要的選項。

貳、研究資料與研究假設

　　本研究將討論以政治信任及政治效能感建構的四種類型，可否解釋民眾對於「倒扁活動」、「挺扁活動」以及「太陽花學運」等政治抗議活動支持與否，因此，我們將運用兩筆在兩個事件發生前後所蒐集的資料進行分析。在「反貪倒扁」活動方面，本研究使用游清鑫（2006）主持的電話訪問。至於「太陽花學運」則是以陳陸輝（2015）的資料，針對 2011 年入學，在 2014 年為大三學生執行的調查資料。相關的說明可以參考本書第二章。

　　我們以下的分析分為兩部分，先討論「倒扁運動」與「挺扁運動」的部分與情況，再談「太陽花學運」。針對民眾對「倒扁運動」或「挺扁活動」支持與否，我們利用以下問卷詢問民眾的意向：「請問您比較支持『反貪腐倒扁運動』，還是『保護本土政權挺扁』活動？」結果有 43.1% 表示支持「倒扁運動」，另有 20.6% 表示支持「挺扁活動」，而也有 22.6% 表示「都不支持」，另有 13.7% 的民眾沒有表示具體意見。這將是本研究主要的依變數，我們在進一步分析時，將沒有表示具體態度的民眾剔除，僅以「支持挺扁活動」、「支持倒扁運動」以及「都不支持」三分類進行分析。因為依變數屬於無序多分的類別資料，因此我們將運用多元對數勝算比模型（multinomial logit model）進行分析。

　　在大學生部分，我們在 2015 年的自填問卷訪問中詢問大學生：「以下請問您一些有關去（2014）年 3 月太陽花學運的

問題，整體來說，請問您支不支持太陽花學運？」受訪的學生當中，有 72.0% 表示支持，另外有 28.0% 表示「不支持」，因為該依變數屬於二分的類別資料，因此我們將運用二元對數勝算比模型（binary logit model）進行分析。

　　在主要的解釋變項上，民眾「政治信任」的測量，本研究將分析民眾在政府官員制定政策與規劃（制定政策時會不會考量民眾福利）、可信度（發言可不可信、做事是不是大多數是正確的）以及操守（會不會浪費老百姓的稅金）等四個面向的評價，建構一個政治信任的量表（請參考附錄 5-1）。由於評價的對象是「政府」，因此，民眾所認知的對象，將以中央政府為主。初步分析的結果，在 2006 年挺扁與倒扁的資料中，我們建構為一個量表，該量表的分數分布為 1 分到 5 分，平均分數為 2.29，標準差為 0.84，本研究將分數高於平均者定義為政治信任高，而低於平均者定義為政治信任低。經過初步的分析，信任感高的民眾約占 43.6% 而信任感低者約占 56.4%。至於在 2015 年的「太陽花學運」訪問中，我們也運用相同方法建構一個「政治信任」量表。該量表的分數分布為 1 分到 5 分，平均分數為 2.34，標準差為 0.70，本研究將分數高於平均者定義為政治信任高，而低於平均者定義為政治信任低。經過初步的分析，信任感高的學生約占 48.1% 而信任感低者約占 51.9%。

　　民眾的政治效能感，在挺扁與倒扁的研究運用以下的測量：有人說：「政府官員不會在乎我們一般老百姓的想法」，請問您同不同意這種說法？上述的測量中，回答不同意者占

表 5-1　2006 年民眾四種類型的分布

政治信任感 ＼ 政治效能感	低	高
低	政治疏離 40.1%	政治抗議 16.3%
高	政治順從 18.5%	政治忠誠 25.0%

資料來源：游清鑫（2006）。
說明：表中數字為總百分比。

41.3%，本研究定義為政治效能感高。此外，有 58.7% 回答同意或是沒有具體意見，本研究定義為政治效能感低者。經過組合後，反貪倒扁的研究中的四種類型民眾的比例分別為：政治疏離型占 40.1%、政治抗議型為 16.3%、政治順從型為 18.5%，而政治忠誠型為 25.0%（見表 5-1）。其中，疏離型占的比例最多，當然這與本研究的指標建構有關。本研究係以政治信任分數低於平均數者為信任感低，加上政治效能感低者也超過半數，兩者組合超過 40%。

　　至於在大學生的政治社會化調查中，我們使用以下的問題詢問受訪者的外在政治效能感：接著，對於以下的幾個說法，想請問您的同意程度如何？「像我這樣的普通老百姓，對政府的政策是沒有什麼影響力的。」上述的測量中，回答不同意者占 38.9%，本研究定義為政治效能感高。此外，有 61.1%，回答同意，本研究定義為政治效能感低者。經過組合後，在太陽花學運的研究中的四種類型學生的比例分別為：政治疏離型占 35.0%、政治抗議型占 16.9%、政治順從型占 26.1%，政治忠誠型有 22.0%（見表 5-2）。與一般民眾在 2006 年的分布類

表 5-2　2015 年大學生四種類型的分布

政治信任感 ＼ 政治效能感	低	高
低	政治疏離 35.0%	政治抗議 16.9%
高	政治順從 26.1%	政治忠誠 22.0%

資料來源：陳陸輝（2015）。
說明：表中數字為總百分比。

似，疏離型占的比例最多，同樣地，這與兩個資料採用的指標
建構方法有關。

　　除了上述的主要變數之外，2006 年的資料以及 2015 年的
資料，各利用四個題目組成一個量表，測量民眾的公民意識或
是民主價值（請參考附錄 5-2）。在「公民意識」的測量上，
郭秋永（2009）認為，要區別民主國家的「公民」或是威權
國家的「子民」在於，**民主國家的「公民」具有公開論述政治
事務乃至公開質疑政治權威的意願**。因此，在 2006 年所使用
的資料包括：不服從腐敗無能政府的權力、積極參與公眾事
務、對公眾事務發表意見以及尊重別人意見等包括公開質疑政
治權威以及公開論述政治事務等兩個面向的四個題目。四個題
目的選項從非常不同意到非常同意，因此，愈同意表示公民意
識愈高。經過重新編碼處理後，四個變數依照同意程度高低編
碼為 1 到 5 分，我們建構為一個「公民意識」量表。該量表將
四個項目加總後平均，其分數分布為 1 分到 5 分，平均分數
為 3.77，標準差為 0.83。在 2015 年的學生訪問資料中，因為
沒有公民意識的測量，考量郭秋永（2009）的見解，民主國

家的「公民」具有公開論述政治事務乃至公開質疑政治權威的意識，所以我們相關的題目，詢問受訪者對於以下敘述的同意程度，題目包括：「政府無權限制人民閱讀他所想要看的政治性刊物」、「社會上如果只有一種意見與聲音，社會就不會進步」、「執政黨如果沒有反對黨的強力監督，就會為所欲為」與「意見不同的少數人也應有自由表達的機會」。四個題目的選項從非常不同意到非常同意，因此，愈同意表示自由表意愈高。經過重新編碼處理後，四個變數依照同意程度高低編碼為 1 到 5 分，我們也建構為一個「**民主價值**」量表。該量表將四個項目加總後平均，其分數分布為 1 分到 5 分，平均分數為 4.35，標準差為 0.63。

　　除了上述變數外，本研究在 2006 年的資料也將受訪者的性別、省籍、台灣人認同以及政黨認同納入當作控制變數。由於「挺扁活動」與「倒扁運動」，其藍綠對決的態勢明確，因此，我們可以預測：「挺扁活動」吸引台灣人認同者以及泛綠認同者的加入，而「倒扁運動」將以大陸各省市以及泛藍支持者為主。就本研究劃分的四種政治傾向的民眾而言，我們也預期：政治抗議者是「倒扁運動」的主要支持者，而政治忠誠者是「挺扁活動」的主要力量。至於在 2015 年的資料，因為受訪者為大學生，除了性別、省籍、台灣人認同、政黨認同以及政治傾向類型使用相同的變數進行比較之外，如前所述，由於沒有公民意識的資料，因此，我們使用上述「民主價值」指標。此外，由於大學生的教育程度並無差異，我們納入他們是否為公立大學。我們也同樣預期政治抗議者是「太陽花學運」

的支持者。

參、信任、效能與支持

　　我們依照上述的分類方式將民眾區分為政治疏離、政治順從、政治抗議與政治忠誠四種類型。在以下的分析，我們將區分為兩部分，首先談 2006 年四種不同政治傾向民眾在「挺扁」與「倒扁」上的差異。接著分析 2015 年大學生的資料，看四種類型的大學生對「太陽花學運」的看法。

(一) 「倒扁」與「挺扁」的差異

　　民眾利用交叉列聯表，分析初步分析不同類型民眾對「挺扁活動」與「倒扁運動」的支持程度。從表 5-3 中可以發現：政治疏離與政治抗議兩種類型的民眾，在支持「倒扁運動」的比例顯著偏高，各約有三分之二的比例。而政治忠誠與政治順從的民眾，在「挺扁活動」上支持的比例也各有超過四成（43.6%）與接近三分之一（31.5%）的比例。顯示民眾政治信任感的高低雖然決定其支持那個陣營的方向，但是政治效能感卻決定其支持該陣營的強度。而值得注意的是，儘管政治信任的程度較高，不過面對外界上會對於第一家庭貪腐的指控，政治順從型與政治忠誠型的民眾，在「都不支持」的比例都超過三分之一，也較另外兩個類型的民眾來得高。

　　由於本研究使用對數勝算比分析，所以將利用表 5-3 的數值轉換為表 5-4 的內容，對於勝算比加以說明。在表 5-4 的

表 5-3 四種類型民眾對「挺扁活動」或「倒扁運動」支持與否的交叉
分析

	支持倒扁運動	支持挺扁活動	都不支持	（樣本數）	統計檢定
政治疏離	66.5	13.5	20.0	（505）	
政治抗議	67.8	13.0	19.2	（208）	卡方值＝217.11
政治順從	31.5	31.5	37.0	（200）	自由度＝6
政治忠誠	21.8	43.6	34.6	（298）	$p<0.001$
總百分比	50.0	23.8	26.3	（1,211）	

資料來源：見表 5-1。
說明：表中數字為橫列百分比（括號內為樣本數）。

前半部分，是四種類型在倒扁、挺扁以及不支持三方面的百分比。在右半部的勝算（odds），是兩種百分比（也可以轉換為機率）相比的結果。例如，在疏離型的民眾中，他們倒扁相對於不支持的勝算（倒扁／不支持）是 3.33（66.5/20.0 = 3.33）；他們挺扁相對於不支持的勝算（挺扁／不支持）是 0.68（13.5/20.0 = 0.68）。而忠誠型的民眾中，他們倒扁相對於不支持的勝算（倒扁／不支持）是 0.63（21.8/34.6 = 0.63）；他們挺扁相對於不支持的勝算（挺扁／不支持）是 1.26（43.6/34.6 = 1.26）。所以，我們可以說，政治疏離型的民眾，他們倒扁相對於不支持的勝算，是政治忠誠型民眾（倒扁相對於不支持之勝算）的 5.28 倍（3.33/0.63 = 5.28）。同樣地，我們可以說：政治疏離型的民眾，他們挺扁相對於不支持的勝算，是政治忠誠型民眾的 0.54 倍（0.68/1.26 = 0.54）。而在對數勝算比中，我們考慮對照組為比較的對象後，再看統計結果表格中該

表 5-4　勝算比的計算與解釋表

	百分比 %			勝算	
	倒扁	挺扁	不支持	倒扁 / 不支持	挺扁 / 不支持
疏離	66.5	13.5	20.0	3.33	0.68
抗議	67.8	13.0	19.2	3.53	0.68
順從	31.5	31.5	37.0	0.85	0.85
忠誠	21.8	43.6	34.6	0.63	1.26
				勝算比	
疏離 / 忠誠				5.28	0.54
抗議 / 忠誠				5.60	0.54
順從 / 忠誠				1.35	0.68

資料來源：見表 5-1。
說明：本表百分比數值取字表 5-3。

估計係數的指數（即 Exp(B)）可以說明「在控制其他變數之後」，做如上的解釋。

　　我們接著進一步以多元對數勝算比模型來檢視不同背景民眾對於「挺扁活動」與「倒扁運動」支持的情況。我們在模型的設定上，依變數中以「都不支持」為對照組，檢視民眾在「支持倒扁運動」相對於「都不支持」以及「支持挺扁活動」相對於「都不支持」上，各項獨立變數對其影響的差異。表 5-5 中我們將四類型的民眾以「政治忠誠」為對照組，我們可以發現：在控制其他變數之後，政治抗議型民眾支持「倒扁運動」相對於「都不支持」的數算（odds），是政治忠誠型的 3.09 倍（exp(1.13)=3.09）。而政治疏離型民眾支持「倒扁運動」相對於「都不支持」的勝算，也是政治忠誠型的 3.02 倍（exp(1.11)=3.02）。顯示對執政當局不信任的政治抗議型與

表 5-5　民眾支持「反貪腐」或「挺本土政權」的多元對數成敗比分析

	支持倒扁運動／都不支持			支持挺扁活動／都不支持		
	B	（S.E.）	Exp（B）	B	（S.E.）	Exp（B）
截距	−4.08	（0.57）***		−1.30	（0.53）*	
女性	−0.28	（0.18）	0.76	0.37	（0.20）+	1.45
省籍（客家為對照組）						
大陸各省	0.83	（0.37）*	2.29	0.55	（0.48）	1.74
本省閩南	0.52	（0.26）*	1.68	0.56	（0.29）+	1.75
教育程度（其他為對照組）						
大專	−0.42	（0.19）*	0.66	−0.71	（0.22）**	0.49
台灣人認同	−0.83	（0.19）***	0.44	0.64	（0.21）**	1.90
政黨認同（中立為對照組）						
認同泛藍政黨	1.79	（0.21）***	5.96	0.29	（0.30）	1.33
認同泛綠政黨	−0.51	（0.28）+	0.60	1.66	（0.22）***	5.25
政治傾向類型（忠誠為對照組）						
政治順從	0.17	（0.30）	1.19	−0.42	（0.27）	0.65
政治疏離	1.11	（0.24）***	3.02	−0.33	（0.24）	0.72
政治抗議	1.13	（0.28）***	3.09	−0.65	（0.32）*	0.52
公民意識（1 低，5 高）	0.92	（0.13）***	2.50	−0.03	（0.12）	0.97
模型相關資訊						
樣本數			1,093			
−2LLR（χ^2）			753.85			
自由度			22			
p 值			<.001			

資料來源：見表 5-1。

說明：*: $p < 0.05$; **: $p < 0.01$; ***: $p < 0.001$（雙尾檢定）。

政治疏離型民眾，是「倒扁運動」的主要支持者。此外，公民意識愈高的民眾，其支持「倒扁運動」的比例也愈高。在控制其他變數之後，民眾公民意識每增加一個單位，其「支持倒扁運動」相對於「都不支持」的勝算變為原來的 2.50 倍（exp(0.92)=2.50）。此外，相對於本省客家的民眾，大陸各省與本省閩南的民眾在支持「倒扁運動」相對於「都不支持」的勝算上，也顯著偏高，顯示「倒扁運動」並不僅僅吸引外省族群的加入。而教育程度為大專以上者，相對於較低教育程度者，在支持「挺扁活動」相對於「都不支持」的勝算上，較傾向「都不支持」，顯示知識分子對此一系列運動的持平立場。而左右台灣選舉政治的「台灣人認同」以及政黨認同，一如理論預期，泛藍認同者較傾向支持「倒扁運動」而台灣人認同者較不傾向支持「倒扁運動」。

就民眾支持「挺扁活動」與「都不支持」的背景分析，我們可以發現，在控制其他變數之後，抗議型的民眾相對於忠誠型民眾，有較低的比例支持「挺扁活動」。換言之，政治忠誠型的民眾是「挺扁活動」的主要支柱。當然，「挺扁活動」自然吸引了台灣人認同者以及泛綠認同者的支持。值得注意的是：大專以上教育程度者對於「挺扁活動」仍然採取較為持平的立場，與上述分析相同的是：他們對於支持「挺扁活動」相對於「都不支持」上，是傾向「都不支持」的，因此，在「倒扁運動」與「挺扁活動」的藍綠對抗之際，大專以上教育程度者的超然立場應該是社會安定的重要力量。

(二) 不同類型大學生對「太陽花學運」支持與否的分析

　　我們也用交叉列聯表，初步分析不同類型的大學生對「太陽花學運」的支持程度。從表 5-6 中可以發現：屬於政治抗議型的大學生，其支持「太陽花學運」的比例接近 84%，相較於全體大學生約 72% 的平均，是顯著偏高的。至於政治順從類型的大學生，有 40% 的比例不支持「太陽花學運」，較全體大學生平均的 28%，是顯著偏高的。另外兩個類型：政治疏離與政治忠誠的大學生，他們在對太陽花學運的支持與否上，與全體大學生的平均接近。因為政治順從的大學生，他們對太陽花學運的支持程度最低，我們在後續的分析中，將依其為基準，比較不同類型大學生對太陽花學運的支持情況。

　　我們接著在表 5-7 中，納入相關的控制變數，分析不同類型大學生對太陽花學運的支持情況。從表 5-7 中的最後一個欄位可以發現：控制其他變數之後，其他三類的大學生，對於太陽花的支持相對於不支持的勝算，顯著高於「政治順從型」的大學生。具體的說，政治抗議型的大學生支持相對於不支持太

表 5-6　四種類型大學生對「太陽花學運」支持與否的交叉分析

	不支持	支持	（樣本數）	統計檢定
政治疏離	25.2	74.8	（ 381）	
政治抗議	16.2	83.8	（ 185）	卡方值 = 34.96
政治順從	40.1	59.9	（ 284）	自由度 = 6
政治忠誠	27.5	72.5	（ 240）	$p < 0.001$
總百分比	28.1	71.9	（1,090）	

資料來源：見表 5-2。
說明：表中數字為橫列百分比（括號內為樣本數）。

表 5-7　大學生「太陽花學運」支持與否的對數成敗比分析

	B	（S.E.）	Exp（B）
截距	−2.329	（0.577）***	0.097
女性	0.186	（0.159）	1.204
省籍（客家為對照組）			
大陸各省	0.013	（0.310）	1.013
本省閩南	0.344	（0.217）	1.410
學校類型（其他為對照組）			
公立大學（其他為對照組）	0.568	（0.210）**	1.765
台灣人認同	0.769	（0.208）***	2.158
政黨認同（中立為對照組）			
認同泛藍政黨	−0.915	（0.180）***	0.401
認同泛綠政黨	1.389	（0.245）***	4.011
政治傾向類型（順從為對照組）			
政治疏離	0.413	（0.195）*	1.511
政治抗議	0.738	（0.263）**	2.092
政治忠誠	0.509	（0.218）*	1.664
民主價值（1 低，5 高）	0.536	（0.121）***	1.709
模型相關資訊			
樣本數		1028	
−2LLR（χ^2）		197.3	
自由度		11	
p 值		< 0.001	

資料來源：見表 5-2。

說明：*: $p < 0.05$; **: $p < 0.01$; ***: $p < 0.001$（雙尾檢定）。

陽花的勝算，是政治順從型大學生勝算的 2.092 倍、政治忠誠型的則是政治順從型的 1.664 倍、政治疏離型的則是政治順從型的 1.511 倍。因此，相對於政治順從的大學生，在我們控制其他相關變數之後，其他各類型的大學生對於「太陽花學運」的支持度是顯著較高的。此外，表 5-7 中的其他統計上顯著的變數也值得說明一下。控制其他變數之後，我們發現：公立大學的學生、具有台灣人認同者、認同泛綠政黨者以及民主價值較高的大學生，他們對太陽花學運比較支持。相對而言，認同泛藍政黨者他們則較不支持太陽花的學運。

肆、結論

　　本研究針對台灣 2006 年以及 2014 年兩個年度的大規模社會運動的「倒扁運動」、「挺扁運動」以及「太陽花學運」，運用政治信任感與政治效能感的概念，解析民眾為何支持「倒扁運動」或「挺扁活動」，以及哪種類型的大學生會支持「太陽花學運」。從本研究的分析可以發現，就「倒扁運動」而言：對於現任政府的不信任，是民眾支持「倒扁運動」的重要因素。在政治效能感高的民眾中，更因為其信任程度的高低，決定是否支持「挺扁活動」。換言之，過去研究發現，政治信任感與政治效能感高度相關，不過，本研究發現：政治信任感與政治效能感在解釋民眾決定支不支持「倒扁運動」與「挺扁活動」上，卻需要運用適當的處理方式，方能突顯其理論上的重要。同樣地，我們進一步觀察哪些大學生會支持「太陽花學

運」。儘管從大學生的調查中發現，有超過 70% 的大三學生支持太陽花學運，我們也發現，政治信任感高但是效能感低的政治順從型的大學生，是較不支持太陽花學運的。

　　本章就特別運用 2006 年「民主動員與公民意識」與 2015 年大學生政治社會化的調查資料，將政治信任感與政治效能感俱高的受訪者定義為「政治忠誠型」、將政治信任感與政治效能感俱低的定義為「政治疏離型」、至於政治信任感高而政治效能感低者則為「政治順從型」、而政治信任感低而政治效能感高者，則為「政治抗議型」。由於幾次社會運動之後，既有的民調資料中具備有與本理論上相關以及上述測量變數者並不多見，因此，本研究特別找到 2006 年與 2015 年兩筆資料，分析上述四種類型受訪者對於「反貪倒扁運動」、「保護本土政權挺扁活動」或是「太陽花學運」支持與否的差異，在 2006 年的資料，本研究結果發現：除了泛綠與泛藍民眾，各自支持「挺扁活動」與「倒扁運動」之外，相對於政治忠誠型的民眾，政治疏離型與政治抗議型民眾，顯著較傾向支持「倒扁運動」。相對於政治忠誠型的民眾，抗議型的民眾則較不支持「挺扁活動」。而在 2015 年的大學生資料，我們發現政治抗議型的大學生是最支持「太陽花學運」，而政治順從型是最反對「太陽花學運」者。因此，本研究指出：在解析民眾對於政治抗議活動支持與否時，也許單從政治效能感解釋有其侷限，而僅以政治信任為考量也有其不足，透過三種不同類型的政治抗議或是支持活動的比較分析後，本研究認為：在考慮政治效能感與政治信任感理論上的意涵後，將兩者經過適當的組合與

分類，才容易解釋民眾對於執政當局面對重要合法性危機時，所採取的支持或是反對態度。

　　在過去的相關研究中，學者往往分別分析民眾的政治信任感或是政治效能感，探討兩個概念各自的緣起、測量以及對民眾政治行為的後果。延續 Finifter（1970）研究政治疏離概念的起點以及徐火炎（2003）研究政治疏離民眾的投票行為，本研究使用政治信任與政治效能等兩個概念所建構的四種類型民眾，解釋台灣在 2006 年發生的「倒扁運動」與「挺扁活動」以及 2015 年在「太陽花學運」後，大學生對於「太陽花學運」的態度。本研究發現，應用這兩個概念所做出的四種類型區分，對於解釋不同類型的政治參與具有重要意義。誠如 Finifter（1970）所言，不同類型的政治疏離民眾應該有不同類型的政治參與。本研究運用上述兩個重要的政治態度，成功地解釋民眾是否支持「挺扁活動」、「倒扁運動」以及哪種類型的大學生會支持或是反對「太陽花學運」。本研究成果，對於民眾政治參與的相關研究，是具有一定的啟發性的。本研究顯示：民眾在政府發生重要政治事件時，決定要擔任「潛在上活躍的公民」或是挺身成為「積極而活躍的公民」時，與其政治效能感及政治信任感密切相關。公民的政治信任感不但影響其是否給予政治人物施政時自由裁量的空間，更在政府面對合法性危機時，左右其是否站在支持或是反對的一方。民眾的政治效能感則不僅是被動地等候政府回應，更有可能成為民眾積極採取行動的動力來源。因此，在研究台灣民眾政治行為的領域中，這兩個概念勢必持續占有重要地位。

附錄 5-1　政治信任感的測量題目

　　本研究使用以下四個題目，做為測量民眾政治信任感的問題：

1. 有人說：「政府所做的事大多數是正確的」，請問您同不同意這種說法？

2. 有人說：「政府官員時常浪費老百姓所繳納的稅金」，請問您同不同意這種說法？

3. 請問您認為政府決定重大政策時，會不會把「民眾的福利」放在第一優先考慮的地位？

4. 請問您相不相信政府首長在電視或報紙上所說的話？

　　本研究將上述題目重新編碼，以 1 代表在該題目的回答為信任感最低，以 5 代表信任感最高，再將這四個題目加總後平均。2006 年的平均分數為 2.29，標準差為 0.84。2015 年的平均分數為 2.34，標準差為 0.70。本研究將分數高於平均數者定義為政治信任感高者，另將分數低於平均數者定義為政治信任感低者。相關討論見文內說明。

附錄 5-2　公民意識的測量

　　本研究在 2006 年使用以下四個題目，做為測量民眾公民意識的問題：

1. 有人說：「如果政府嚴重腐敗無能，人民就有不服從和反抗的權利」，請問您同不同意這種說法？

2. 有人說：「對於公眾的事務，每一個人都應該出錢或者出力自動參與」，請問您同不同意這種說法？

3. 有人說：「對於公眾的事務，每一個人都應該有公開發表自己意見的權利」，請問您同不同意這種說法？

4. 有人說：「對於別人的不同意見，每一個人都應該注意聽並尊重別人的想法」，請問您同不同意這種說法？

　　本研究將上述題目重新編碼，以 1 代表在該題目的回答為公民意識最低，以 5 代表公民意識最高，再將這四個題目加總後平均，所得平均分數為 3.77，標準差為 0.83。

附錄 5-3　民主價值的測量

　　在 2015 年大學生的自填問卷，我們詢問對於以下敘述的同意程度：

1. 「政府無權限制人民閱讀他所想要看的政治性刊物」；

2. 「社會上如果只有一種意見與聲音，社會就不會進步」；

3. 「執政黨如果沒有反對黨的強力監督，就會為所欲為」；

4. 「意見不同的少數人也應有自由表達的機會」。

　　本研究將上述題目重新編碼，以 1 代表在該題目的回答為民主價值最低，以 5 代表民主價值最高，再將這四個題目加總後平均，所得平均分數為 4.35，標準差為 0.63。

附錄 5-4　模型中主要變數編碼方式　

一、選民個人背景的測量

1. 性別

　　表 5-5 與表 5-7 所列為虛擬變數，以 0 為男，1 為女。

2. 省籍

　　區分為本省客家人（對照組）、本省閩南人以及大陸各省市人。原住民與其他不納入分析。

3. 教育程度

　　一般民眾區分為中學教育以及以下與大專教育兩類，將大專教育程度編碼為 1 而以中學以下教育程度為對照組。大學生則區分為就讀公立大學（包括師範大學）與非公立大學。

二、選民政治態度

1. 政黨認同

　　區分民眾政黨認同的對象為三類，泛藍（國民黨、親民黨與新黨）、泛綠（民進黨、台聯及建國黨）與中立選民（對照組）。

2. 台灣人認同

　　區分為「台灣人」、「都是」以及「中國人」三類，以「台灣人」編碼為 1，而以「都是」以及「中國人」為對照組。

註解

1. 在 1952 年的調查訪問中，Campbell 等人運用了五個題目來測量民眾的政治效能感，而在其後的訪問中，將其中的第二題，也就是「投票是民眾決定國家應該如何運作的主要方式」的題目刪除，留下其他四個題目。相關的測量題目以及討論，請參考 Campbell 等人（1954: 187-194）以及 Abramson（1983: 135-136）的討論。

2. Almond 與 Verba 在該書第七章中將「公民能力」這個名詞，與「政治上有能力的」（politically competent）以及「主觀上有能力的」（subjective competent）等概念交錯使用。不過他們在第九章中，則將五個題目組合成 Guttman 量表，並將之定義為「主觀政治能力」，討論該變數與民眾政治興趣與政治參與之間的關聯性。該書第九章的第 231 頁到 236 頁的第一個註釋，對於問題的題目以及該量表的製作，有非常詳盡的說明。

3. 依照 Finifter（1970: 390-1）的定義，政治無力感表示個人認為無法影響政府的決策。政治無意義係指民眾認為政府決策是無法預測或是預期的。政治失範的認知則是指民眾認為規範政治關係的常規與法則已經破敗，官員不依法定程序行事。至於政治孤立則是個人拒絕體系成員所共享的政治規範與目標。

第六章

從信任到支持：
台灣民眾政治支持的持續與變遷 *

- 壹、政黨輪替與政治支持
- 貳、政治支持：民眾政治信任的昇華
- 參、研究方法與資料
- 肆、研究發現與討論
- 伍、結論

* 本章部分內容，取自陳陸輝，2011，《台灣民眾政治支持的研究：概念、測量與應用》，行政院國家科學委員會專題研究計畫成果報告，第二章。內容經作者修正。

　　本書主要焦點在於討論民眾的政治信任及其政治後果，政治信任是民眾政治支持的一環。若延續本書第四章的討論，可從 Easton（1964; 1975）的理論出發，民眾的政治支持對象可區分為對**政治社群**（political community）、**典章制度**（regime）以及**政治權威**（political authority）三個層次，而政治信任則聚焦在對政治權威的支持這個層面。國內外具體且系統地檢視民眾政治信任與政治支持之間關聯性的實證分析相當有限，本章延續第四章的初步分析，運用更為多元的調查資料，從民眾的政治信任出發，試圖建構台灣民眾政治支持的層次。

　　由於針對一般民眾的政治支持之調查需要容納相當多的變數，因此，以選舉研究為主的 TEDS 調查中，所涵蓋的政治支持相關測量的題目非常有限，其他來源我們也很難找到在 2010 年後較為完整的資料，不過，本研究相當幸運地，取得 2004 年與 2009 年所執行的兩筆資料，藉以比較分析在民進黨執政時期以及二次政黨輪替後國民黨執政時期，台灣民眾政治支持的持續與變遷。正因為這兩筆資料的訪問時間，提供我們探索不同政黨執政時期民眾政治支持持續與變遷的比較分析，因此，本章得以透過深入描述在台灣民主體制的運作過程中，民眾政治支持的變化，以及政治信任對政治支持的影響，藉以分析影響台灣的民主體制健全、穩定而永續發展的因素。

壹、政黨輪替與政治支持

　　自從 1996 年總統由人民直接選舉出來後，台灣民主政

治過去 20 多年的發展，分別出現了三次重要的政權轉移。在 2000 年的總統選舉中，民進黨候選人陳水扁贏得選舉，造成第一次的政權輪替。而 2008 年的總統選舉，國民黨的候選人馬英九贏得選舉，出現了第二次的政權輪替。在 2016 年的總統選舉，民進黨的候選人蔡英文也擊敗兩位競爭對手贏得大選，台灣出現了第三次的政黨輪替。在此次選舉中，更值得注意的是，民進黨首次在立法院獲得絕對多數的席次，首次取得全面執政。此次選舉對臺灣的民主政治健全發展與民主鞏固，具有重要意義。當然，執政黨面對的各種挑戰也愈來愈多。如何在千變萬化的全球局勢中，帶領臺灣，維持兩岸的穩定、社會的和諧與經濟的繁榮，是執政者重要的挑戰。當然，在任何國家中，執政當局能夠獲得民眾的**政治支持**，更是其正當性的重要來源。

　　本章透過觀察兩次政黨輪替之後，民眾政治支持的持續與變遷，讓我們可以理解政治信任與政治支持之間的關聯，並進一步掌握台灣民眾政治支持的意涵、分布以及影響其持續與變遷的因素。本章會以實證資料分析，讓我們得以釐清台灣民眾政治支持的樣貌。

貳、政治支持：民眾政治信任的昇華

　　本研究的背景在於關切：民眾的政治支持，既是任何政權正當性來源的重要基礎，也是任何政體順利運作的重要保障，那麼，影響我國民眾政治支持的持續與變遷的因素，自當有其

理論上與實務上的重要性。特別是在兩次政黨輪替前後，影響民眾政治支持的因素，是否隨之改變抑或有延續性？此一研究主題，當為關心台灣民主政治健全發展所應瞭解。由於政治支持的相關文獻已經在第二章中進行討論，因此，將針對本章主要討論的研究變數之間的可能關聯性，進行討論。

　　從第二章的表 2-2 中，我們發現，在政治支持的各個層次中，民眾的政治支持可以包括對政治社群、典章制度以及權威當局的支持。本章將以民眾對於民主政治的滿意度以及對於民主程度的評估為標的，納入民眾的政治信任、對政治機構的信任、對政府施政表現的評估、對民主選舉制度的評估以及民主價值等變項，來解析影響民眾對民主滿意度以及民主程度的因素。

參、研究方法與資料

　　本研究分別運用高安邦（2005）與陳陸輝（2009）的研究計畫，兩個計畫分別在 2004 年與 2009 年執行，具體的說明可以參考本書的第二章。本研究中關於政治支持的測量，將參考 Dalton（2004）以及 Hibbing 與 Theiss-Morse（1995）的相關研究，本研究將政治支持的對象以及相關的研究題目，依照表 2-1 的架構，進行資料處理。

　　政治支持的對象，通常區分為對政治社群、典章制度以及權威當局三個層面。具體對權威當局的測量，我們從情感取向出發，涵蓋民眾對於政府官員的信任以及對國內主要政黨的認

同情況。為了與一般投票行為的研究加以區分，且受限於資料的內容，本研究並不包括對候選人評估以及投票支持的測量。就典章制度部分，以制度層面為例，我們將探討民眾對我國不同政治機構的信任程度，並分析民眾對政府在經濟表現的評價。在典章制度的程序與規範層面，我們將針對民眾對制度效率好壞進行評估。由於民主國家中，定期與公開的選舉是決定政治合法性的重要關鍵，因此，我們將分析民眾對於選舉制度有效性的評估。就典章制度的原則部分，我們將以民眾的民主價值以及對於民主政治運作的滿意度進行討論。由於有關政治社群的測量有限，而運用「台灣人／中國人」自我認定做為國家認同的測量也有其限制，因此，本研究將以典章制度與權威當局為主要討論對象。在分析時，也以民眾對於我國民主政治的現況以及民主滿意度為分析焦點。各變數的問卷題目及分析時的編碼方式，請參考附錄 6-1。

　　從第二章的文獻檢閱中，我們發現：民眾政治支持的來源有兩個重要途徑。其一為政治社會化的過程，其二為個人對政府表現工具性的評估。因此，本章希望以民眾對於台灣民主的程度以及對於民主政治運作的滿意度為兩個民眾對於典章制度支持的兩個主要的依變項。本研究認為：過去政治社會化的經驗中，民眾的政黨認同、對於政府官員或是政治機構的信任以及民主價值對於民主政治的評價具有一定影響力。不過，民眾也對於具體的政策輸出以及民主程序相當重視，因此，對於具體施政表現以及選制效能的評估，也會影響到他們對民主運作的滿意程度。換言之，除了社會化的感情因素外，對於民主政

治運作的具體政策輸出以及運作程序的公開透明的理性評價，都會影響民眾對於民主政治的支持。

肆、研究發現與討論

本研究的資料分析，可依照民眾的政黨認同與對政府官員的信任程度、對於政治機構的信任、對具體經濟表現的評估、對於選制有效性的評估、在民主價值的分布以及民主滿意度與民主現況的評價等部分，依序討論。

(一) 對權威當局的評估：政府官員信任度與政黨認同

有關民眾對於權威當局信任的評估分布，我們可以從表 6-1 中看出：在 2004 年訪問時，民眾對於首長在大眾傳播媒體發言的信任程度較高，達到 30%，相信政府做事大多正確的比例超過四分之一，而不相信政府會浪費民眾稅金的比例，僅 20% 出頭。到了 2009 年，我們發現民眾同意「政府做事大多正確」的比例仍然接近 30%，不過，對於首長說話的信任度下降至四分之一的比例，至於在政府浪費稅金上，信任的程度僅七分之一。整體而言，在 2004 年與 2009 年，民眾對於政府官員的整體信任程度並不高。

表 6-1　民眾對政府官員的信任程度分布

	2004 年 [1]		2009 年 [2]	
	信任	不信任	信任	不信任
首長說話	30.7	69.3	26.2	73.8
政府做事大多正確	27.7	72.3	28.7	71.3
政府浪費稅金	23.0	77.0	15.7	84.3

資料來源：1. 高安邦（2005）。該次訪問成功樣本為 1,077，表中分析數據不
　　　　　　包含「其他與無反應」的受訪者，故有效樣本數的分布在 820 到
　　　　　　931 之間。
　　　　　2. 陳陸輝（2009）。該次訪問成功樣本為 1,676，表中分析數據不
　　　　　　包含「其他與無反應」的受訪者，故有效樣本數介於 1,523 到
　　　　　　1,576 之間。
說明：表中數字為橫列百分比，由於「其他與無反應」未納入計算百分比，故
　　　表中數字加總為 100%。

　　由於這三個題目，是測量民眾對於政治信任的同一個概念，我們進一步將兩個年度的三個題目各自合併建構成一個民眾對於政府官員信任程度的指標，並將該變數重新編碼，讓其數值最大值為 1 最小值為 0，以利我們後續分析。政府官員信任指標的平均數在 2004 年為 0.33、2009 年下降至 0.29；標準差在 2004 年為 0.26、2009 年則為 0.23。此一趨勢跟前述表 6-1 的發現一致，表示民眾對政府官員的政治信任在下滑中。

　　至於民眾對於政黨的認同比例上，在 2004 年時，民眾對國民的認同者為黨 18.7%，新黨的認同者為 1.1%，而親民黨的認同者為 9.9%，三者合計泛藍的認同者為 29.6%。此外，民進黨的認同者為 28.7%，台聯的有 2.1%，兩者合計泛綠的認同者有 30.8%。至於沒有政黨傾向者則約有四成。到了 2009

年，民眾認同國民黨的比例上升到 36.2%，但是對親民黨與新黨的認同者，則分別下降到 1.8% 與 0.9%，泛藍認同者的比例隨著國民黨在總統大選中勝選而上升至 38.9%。民進黨的認同者則下降至 19.1%，台聯也僅剩下 1.7% 的認同者。泛綠的認同者僅在 20% 上下。至於無傾向者則仍然維持在 40% 左右。整體而言，隨著台灣民主深化、政權再次輪替以及立法委員選舉制度改變，民眾的政黨認同逐漸向兩個主要政黨團體聚集。

(二) 對政治機構的信任程度

　　除了對政黨的認同與對政府官員的信任之外，本研究也詢問民眾對於中央政治機構、軍隊、媒體與政黨的信任程度。表 6-2 中可以發現，在 2004 年時，民眾對於軍隊的信任程度最高，達到 6.45，其次依序為總統（5.56）、法院（5.43）、行政院（5.15）與政黨（4.52），但是對於立法院與媒體最低，僅各有 4.13 與 3.85。到了 2009 年，民眾對總統的信任程度最高，為 5.10，其次依序為行政院（4.58）、軍隊（4.56）、法院（4.41）與政黨（3.98），同樣地，對於立法院與媒體最低，僅各有 3.85 與 3.58。此一趨勢顯示：民眾對於重要機構的信任程度下降，且對於第四權的媒體以及匯集民意與代表民意的立法院與政黨的信任程度持續偏低，與西方的研究發現相同（Norris, 1999）。此一方面反映民眾對於立院問政品質的持續不信任，也對於所謂媒體報導的信任度偏低。這兩個機構一個是代議政治的重要機構，一個是號稱第四權的媒體，此一發展對於我國民主政治的發展，是一個隱憂。對於媒

表 6-2　民眾對機構的信任程度分布

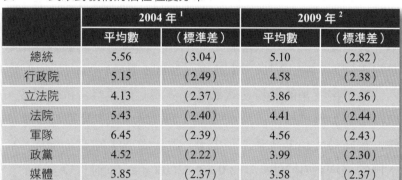

	2004 年 [1]		2009 年 [2]	
	平均數	（標準差）	平均數	（標準差）
總統	5.56	（3.04）	5.10	（2.82）
行政院	5.15	（2.49）	4.58	（2.38）
立法院	4.13	（2.37）	3.86	（2.36）
法院	5.43	（2.40）	4.41	（2.44）
軍隊	6.45	（2.39）	4.56	（2.43）
政黨	4.52	（2.22）	3.99	（2.30）
媒體	3.85	（2.37）	3.58	（2.37）

資料來源：1. 高安邦（2005）。該次訪問成功樣本為 1,077，表中分析數據不
　　　　　　　包含「其他與無反應」的受訪者，故有效樣本數的分布在 863 到
　　　　　　　962 之間。
　　　　　2. 陳陸輝（2009）。該次訪問成功樣本為 1,676，表中分析數據不
　　　　　　　包含「其他與無反應」的受訪者，故有效樣本數介於 1,436 到
　　　　　　　1,600 之間。
說明：表中數字為平均數（括號內為標準差）。問卷題目請民眾以 0 到 10 表
　　　示對該機構的信任程度，數值愈高表示愈信任。

體以及代議機構的不信任，與前述 Norris（1999）比較研究西
方民主先進國家近年的發現趨勢相符。這主要是因為資訊更為
發達之下，代議機構的代民意代表相關負面的報導更多，也經
常是媒體喜愛報導的焦點。媒體以負面的或是較為勁爆的報導
為刺激閱聽率的手段，在新聞查證或是報導內容上，自然有所
不足，也影響民眾對新聞媒體的信任。另外一個值得注意的機
構是軍隊，在 2004 年民眾對它的信任最高，達到 6.45，但是
到了 2009 年卻下跌到 4.56，是否因為國軍在以實彈射擊的漢
光演習，出現了飛彈脫靶、步槍卡彈、火砲放槍等情況，經過

媒體大幅報導後，讓民眾對國軍捍衛台灣的能力產生疑慮？[1]
需要再進一步分析。不過，根據一份在 2008 年的調查研究顯
示：民眾認為，如果大陸打過來的話，國軍有足夠能力保衛台
灣的比例，只有 12.7%（牛銘實，2008）。

　　為了接下來的分析，我們進一步將七個題目合併建構成一
個民眾對於機構信任程度的指標，同樣地，我們重新編碼該指
標，讓其最大值為 1 最小值為 0。重新處理後的政治機構信任
指標的平均數在 2004 年為 0.50、2009 年下降到 0.43，至於標
準差在 2004 年為 0.17、2009 年為 0.19。

（三）對政府施政表現的評價

　　有關民眾對政府各項施政表現的評價上，本研究針對經濟
狀況加以比較分析。在 2004 年，民眾評分的平均為 4.84，不
過隨著金融海嘯席捲全球，到了 2009 年的評估僅有 3.90。整
體而言，如果以 5 分為及格，民眾對於政府施政的經濟表現是
給予不及格的評價。

表 6-3　民眾對各種經濟表現的評估分布

	平均數	標準差	（樣本數）
2004 年 [1]	4.84	2.24	（　984）
2009 年 [2]	3.90	2.13	（1,622）

資料來源：1. 高安邦（2005）。該次訪問成功樣本為 1,077，表中分析數據不
　　　　　　包含「其他與無反應」的受訪者。
　　　　　2. 陳陸輝（2009）。該次訪問成功樣本為 1,676，表中分析數據不
　　　　　　包含「其他與無反應」的受訪者。
說明：表中數字為平均數與標準差（括號內為樣本數）。問卷題目請民眾以 0
　　　到 10 來評估經濟情況的好壞，數值愈高表示情況愈好。

（四）對選舉制度有效性的評價

在典章制度層面的另一組相關變項，是有關民眾對選舉制度的有效性與公平性的程度來進行分析。在民主國家中，定期選舉是政權合法性的重要基礎。因此，民眾對於選舉制度評估，對於民主政治的憲政合法性，有重要關聯。從表 6-4 可以發現：在 2004 年時，民眾對於選舉是否可以選出民眾要的人的制度有效性上的平均評分為 5.81，顯示民眾認為選舉制度仍然可以選出民眾要的人。不過，到了 2009 年已經下降到 4.84，其下降的幅度頗大，相當值得注意。就選舉的公平性上，在 2004 年的評分為 5.79，也是傾向認為選舉制度還算公平。不過，到了 2009 年也下降到 4.87，顯示民眾對於現有選舉制度的有效性，在 2004 年到 2009 年之間，出現了重要變化。從 2004 年的還算支持，下降到 2009 年的較不支持。我

表 6-4　民眾對政治典則規範與程序的評估：制度的有效性

	2004 年[1]		2009 年[2]	
	平均數	（標準差）	平均數	（標準差）
選舉可以選出民眾要的人	5.81	(2.86)	4.84	(2.49)
選舉法規對政黨或候選人公平	5.79	(2.88)	4.87	(2.58)

資料來源：1. 高安邦（2005）。該次訪問成功樣本為 1,077，表中分析數據不包含「其他與無反應」的受訪者，故有效樣本數的分布在 915 到 917 之間。

2. 陳陸輝（2009）。該次訪問成功樣本為 1,676，表中分析數據不包含「其他與無反應」的受訪者，故有效樣本數的分布在 1517 到 1552 之間。

說明：表中數字為平均數（括號內為標準差）。問卷題目請民眾以 0 到 10 來評估表現好壞，數值愈高表示愈滿意。

國的立法委員選舉制度，在 2005 年修憲之後將國會選制改為單一選區與比例代表並立的混合制，且自 2008 年開始實施，本次 2009 年的調查結果發現民眾對於選舉制度的信心程度比 2004 年調查的結果下降許多，是否因為民眾認為此一制度會造成選舉結果選票與席次比之偏差所致？一方面，此制度對原本兩大黨的第二大政黨的得票率與轉換的席次率之間造成偏差，更壓縮兩大黨之外的其他政黨（例如親民黨與台聯），的生存空間，是否因此而讓許多人感受到制度的不公平，頗值得注意。

在接下來的分析中，我們進一步將兩個題目合併建構成一個民眾對於選舉制度有效性的指標，我們重新編碼該指標，讓其最大值為 1 最小值為 0。重新處理後的選舉制度有效性指標在 2004 年的平均數為 0.58，標準差為 0.26；2009 年下降為 0.48，標準差為 0.23。顯示民眾對於選舉制度有效性，是從較為正面的看法轉向略微負面的看法。

(五) 民主價值中制衡觀的分布

有關民主價值中「制衡觀」的分布，可參考表6-5。在 2004 年，同意政府一旦受到民意機關制衡即無大作為的比例為 20.1%，但是認為政府應受制衡的有 61.5%，超過六成，顯示民眾的制衡觀念遠高於多元觀念。到了 2009 年，此一分布相當穩定，具備制衡觀者仍然超過四分之三，不具備者不及四分之一。我們在後續的分析也將制衡觀的分布標準化為 0 到 1 之間，分數愈高表示制衡的傾向愈高。在 2004 年制衡觀的平

表 6-5　民眾制衡觀的分布

	具備	不具備	（樣本數）
2004 年[1]	79.9	20.1	（872）
2009 年[2]	77.0	23.0	（1,573）

資料來源：1. 高安邦（2005）。該次訪問成功樣本為 1,077，表中分析數據不
　　　　　　包含「其他與無反應」的受訪者。
　　　　　2. 陳陸輝（2009）。該次訪問成功樣本為 1,676，表中分析數據不
　　　　　　包含「其他與無反應」的受訪者。
說明：表中數字為橫列百分比（括號內為樣本數）。

均數為 0.77 分，標準差為 0.33；2009 年的平均數為 0.72，標
準差為 0.33。

(六) 對民主政治的滿意度與評價

　　有關民眾對民主政治的各項評價上，本研究分別針對台灣
民主的程度以及民眾對台灣民主的滿意度進行分析。就台灣民
主的程度上，從表 6-6 可以發現：在 2004 年民眾的評分達到

表 6-6　民眾對民主現況的評估分布

	2004 年[1]		2009 年[2]	
	平均數	（標準差）	平均數	（標準差）
民主程度	5.80	（2.54）	6.08	（2.55）
民主滿意度	5.16	（2.48）	5.21	（2.39）

資料來源：1. 高安邦（2005）。該次訪問成功樣本為 1,077，表中分析數據不
　　　　　　包含「其他與無反應」的受訪者，故有效樣本數的分布在 903 到
　　　　　　961 之間。
　　　　　2. 陳陸輝（2009）。該次訪問成功樣本為 1,676，表中分析數據不
　　　　　　包含「其他與無反應」的受訪者，故有效樣本數的分布在 1588
　　　　　　到 1594 之間。
說明：表中數字為平均數（括號內為標準差）。問卷題目請民眾以 0 到 10 來
　　　評估表現好壞，數值愈高表示愈民主或愈滿意。

5.80，是還不錯的分數，顯示民眾對於台灣的民主程度頗具信心。到了 2009 年，此一分數更上升到 6.08，顯示經過二次政黨輪替，民眾也認知到台灣的民主程度已更進一步。不過，對於台灣民主政治的實行上，民眾給予的分數較低，在 2004 年為 5.16 分，到了 2009 年雖略微上升到 5.21，不過，這個分布表示台灣目前民主政治需要加強之處仍然不少。

我們接著以民眾對於民主滿意度以及民主程度的評估為依變數，分別納入上述有關對權威當局支持的政府官員信任以及政黨認同傾向、對典章制度支持的機構信任、施政表現評估、選舉制度有效性、民主價值的制衡觀等變數，並進一步控制民眾的性別、政治世代與統獨傾向，為了方便聚焦，性別、政治世代與統獨傾向等變數的估計係數我們不列出。

迴歸分析是利用我們的解釋變數或是預測變數，來分析或是預測依變數的分數，模型中納入的變數愈能預測依變數，我們的模型解釋力愈高。所以，上述的這些變數都是理論上與民眾政治支持相關的變數，我們接著檢視這些變數的解釋力。模型分析的內容參見表 6-7 與表 6-8。

從表 6-7 中我們發現：影響民眾對於民主的滿意程度，除了政黨認同外，主要是以對典章制度的支持等因素為主。在 2004 年民進黨執政時期以及 2009 年國民黨執政時期，民眾對於機構的信任程度、經濟表現評估，以及對於選舉制度有效性的評估，都影響了民眾對民主的滿意度。控制其他變數之後，民眾對機構信任每增加一個單位，在 2004 年對民主滿意的程度就提高了 3.18 個單位，到了 2009 年更有 3.76 個單位。而對

表 6-7　影響民眾民主滿意度的迴歸分析

	2004 年 [1]		2009 年 [2]	
	估計係數	（標準誤）	估計係數	（標準誤）
常數	0.99 **	（0.35）	1.92 **	（0.27）
對權威當局的支持				
政府官員信任	0.26	（0.38）	−0.16	（0.31）
政黨認同（泛藍為對照）				
認同泛綠政黨	0.45 *	（0.21）	−0.39***	（0.16）
無政黨認同	0.04	（0.17）	−0.36	（0.13）
對典章制度的支持				
機構信任	3.18 ***	（0.59）	3.76 **	（0.40）
經濟表現評估	2.01 ***	（0.40）	2.07 ***	（0.30）
選舉制度有效性	2.62 ***	（0.37）	2.58 ***	（0.29）
民主價值：制衡觀	−0.11	（0.22）	0.30 *	（0.17）
模型相關資訊				
樣本數	634		1,321	
調整後 R^2	0.49		0.41	
估計的標準誤	1.71		1.86	
條件係數	16.11		15.73	

資料來源：1. 高安邦（2005）。該次訪問成功樣本為 1,077，表中分析數據不
　　　　　　包含「其他與無反應」的受訪者。
　　　　　2. 陳陸輝（2009）。該次訪問成功樣本為 1,676，表中分析數據不
　　　　　　包含「其他與無反應」的受訪者。
說明：表中「民主滿意度」的分布為 0-10，數值愈高對民主愈滿意。統計檢
　　　定為雙尾檢定。*: $p < 0.05$; **: $p < 0.01$; ***: $p < 0.001$。性別、政治世
　　　代與統獨立場有納入模型估計，但未列出。

選舉制度的有效性每增加一個單位，控制其他變數之後，他們
對於民主的滿意度在 2004 年增加了 2.62 個單位，在 2009 年
更增加了 2.58 個單位。因此，民眾對於典章制度的支持，是

表 6-8　影響民眾評估民主程度的迴歸分析

	2004 年[1]		2009 年[2]	
	估計係數	（標準誤）	估計係數	（標準誤）
常數	1.24 **	（0.42）	3.95 ***	（0.30）
對權威當局的支持				
政府官員信任	0.32	（0.46）	0.72 *	（0.35）
政黨認同（泛藍為對照）				
認同泛綠政黨	1.08 ***	（0.24）	–0.70 ***	（0.18）
無政黨認同	0.19	（0.20）	–0.26	（0.14）
對典章制度的支持				
機構信任	3.03 ***	（0.69）	3.62 ***	（0.45）
經濟表現評估	1.91 ***	（0.46）	1.61 ***	（0.33）
選舉制度有效性	2.11 ***	（0.44）	1.55 ***	（0.32）
民主價值：制衡觀	0.37	（0.26）	0.11	（0.19）
模型相關資訊				
樣本數	630		1,314	
調整後 R^2	0.39		0.36	
估計的標準誤	2.00		2.06	
條件係數	16.39		15.71	

資料來源：1. 高安邦（2005）。該次訪問成功樣本為 1,077，表中分析數據不包含「其他與無反應」的受訪者。
　　　　　2. 陳陸輝（2009）。該次訪問成功樣本為 1,676，表中分析數據不包含「其他與無反應」的受訪者。
說明：表中「民主程度」的分布為 0-10，數值愈高認為目前台灣愈民主。統計檢定為雙尾檢定。*: $p < 0.05$; **: $p < 0.01$; ***: $p < 0.001$。性別、政治世代與統獨立場有納入模型估計，但未列出。

影響他們對於民主運作滿意與否的重要條件。這一部分的影響因素，涵蓋對於目前重要憲政機構的信任程度、對於選舉制度過程與制度有效性的認知，以及實際政府施政表現的評價。就

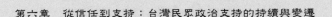

本研究發現而言，此一部分所隱含的理論意義需進一步闡述。民眾對於目前民主制度的滿意度，既具有理性的評估成分，也包含對於憲政機制的感性認同與信任成分。因此，民主體制的順利運作以及民眾對於民主政治的滿意度，不但奠基於對既有憲政制度的認同、認知與評價，也受政府的客觀表現所影響。所以，如果憲政制度設計是民主政治的硬體工程，執政者具體的施政表現，就是民眾支持的源頭活水。除了典章制度外，在兩次訪問中，還有另外一個因素同時影響民眾對民主的滿意度，那就是民眾的政黨認同。在 2004 年民進黨執政時期，泛綠認同者（包括：民進黨與台聯黨認同者）相對於泛藍認同者（包括：國民黨、新黨與親民黨的認同者），對於民主的滿意度較高。但是在 2009 年，此一趨勢出現變化，轉變為泛綠認同者對民主滿意度較泛藍者顯著為低。因此，民主滿意度某些程度上，也反映民眾個人的政黨立場，選民在自己認同的政黨執政時，對民主的滿意度隨之水漲船高。另一個值得注意的是，在 2009 年，制衡觀愈高的民眾，對民主政治愈滿意。此一發現，值得後續觀察。

　　在表 6-8 中，我們觀察影響民眾評估民主程度的因素。表 6-8 的發現與表 6-7 類似，在對民主程度的評估上，典章制度的許多因素：機構信任、經濟的表現、選舉制度有效性等因素，都具有顯著影響力。以民眾對機構信任的程度為例，在控制其他變數之後，當其每增加一個單位，在 2004 年時就認為民主程度增加 3.03 個單位，而在 2009 年更增加了 3.62 個單位。此外，當民眾對政府官員的信任每增加一個單位，控制其

他變數之後，他們在 2009 年時會對民主程度的評估增加 0.72
個單位，但是在 2004 年沒有顯著的影響力。此外，政黨認同
也真的是有色眼鏡，在控制其他變數之後，認同泛綠的民眾在
2004 年對台灣民主程度的評估是比泛藍認同者高出 1.08 的單
位，但是到了 2009 年卻比泛藍認同者低了 0.70 個單位。

伍、結論

　　運用政黨輪替前後的資料，本研究比較 2004 年與 2009 年
在民進黨與國民黨執政時期，民眾政治支持的持續與變化。由
於具體操作政治支持概念以及據以進行經驗研究的成果並不
多，本章延續第四章的分析，並納入相關的變數控制之後，以
多元迴歸分析而得到的研究發現，對於台灣學界，應該具有一
定的啟發。所謂「民無信不立」，沒有民眾的信任與支持，任
何依法當選的公職人員是無從施展權力，推動政策以及落實各
項政策方針的。當然，沒有民眾的持續支持，民主政體也無法
健康且平和地運作。

　　本研究經過初步的分析發現：無論在民進黨執政時期或是
在國民黨執政階段，民眾對於政治權威當局的信任不高，對於
施政表現的評價勉強及格，但是對機構的信任程度以及對選舉
制度的有效性，抱持較為正面的看法。此外，民眾對於台灣的
民主程度以及民主滿意度，尚稱滿意。進一步分析發現，影響
民眾對民主程度的評價以及民主滿意度的主要因素，以政黨認
同、對於機構的信任、對施政表現的評估以及對於選制有效性

的評估。

　　從本章的初步分析中可以發現：不論在 2004 年或是 2009年，民眾對於政府官員的信任程度偏低，相對而言，他們對於機構的信任程度尚可。此一發現顯示了民眾對於執政當局以及憲政制度之間的評價是有所區隔的，因此，後續的研究必須明確區分政治支持的對象是執政當局或是憲政機構，畢竟歷經三次政權輪替的民眾，似已具備區分兩個對象差異的能力。在政府施政的經濟表現中，民眾較為失望。這一方面除了反映政府的治理能力，當然也與整體國際大環境有關。在歷經各種國際重要事件以及兩岸關係的變化後，政府的經濟表現可否呼應人民期待，頗值得繼續觀察。對於現行民主制度而言，選舉機制的有效性，是讓民眾較為滿意的。民眾一般認為選舉制度尚可選出自己需要的候選人，且制度對於各政黨與候選人尚稱公平。因此，選制公正性的維持，是讓我國民主政治順利運作的重要關鍵。就整體民主的運作而言，民眾對於我國民主程度，是持較肯定的態度，也對民主運作尚稱滿意。

　　透過多元迴歸分析，本研究進一步分析發現：在控制其他變數後，民眾的政黨認同、對機構的信任、對施政表現與選舉制度有效性的評估等因素，是影響民眾對我國民主程度的評估以及民主運作滿意與否的重要因素。因此，民眾除了政治社會化過程所獲得之政黨認同以及對於政治機構的信任之外，典章制度運作過程中，選舉制度公正性以及政策輸出的亮麗表現，這些工具性的評估都是影響民眾對於民主政治評價的重要因素。因此，民主政治的制度設計以及民眾對於這些制度的信任

程度、政府具體的施政表現，以及民主政治中重要的選舉制度有效性，都是影響民眾對民主政治評價與滿意度的重要因素。

　　透過本章的比較分析，我們發現在民進黨執政或國民黨執政期間，民眾政治支持持續與變遷的重要因素。除了政黨立場，會因執政黨不同而出現不同的影響力外，民眾對於典章制度的信任以及治理績效的評估，是他們對民主政治支持的重要因素。本章運用調查研究資料，具體操作化西方有關政治支持相關研究的概念，對我國民眾政治支持的持續與變遷所進行的研究，研究成果頗具參考性。台灣在 2008 年歷經第二次政黨輪替之後，民眾雖然對於民主滿意度以及對於台灣民主程度具有較為正面的評價，不過，在對權威當局的信任程度上、對機構的信任、對選舉制度的有效性、經濟表現的評估等面向，都出現持續衰退。這樣的結果其實頗值得進一步深究。民眾對於民主政治的認知與評價，不僅受到長期政治社會化的因素影響，政府具體的施政表現也是重要一環。在 2016 年，台灣歷經了第三次的政黨輪替，且民進黨取得了總統大位以及立法院的絕對多數席次，因此，本章的發現應該對於蔡英文政府的國家治理以及民眾的政治支持，有所啟發。

　　本章雖因觀察時間點有限而仍屬初探階段，不過，本章的研究議題對於台灣民主政治的健全發展卻頗值得注意。民眾的政治支持不但是任何政體合法性的重要來源，也是其健全發展的觀察重點。特別是在歷經三次政黨輪替的台灣，執政當局需要以更好的執政表現，爭取民眾支持，也得以持續鞏固民眾對於民主政治的信心。

附錄 6-1

本研究使用變數的重新編碼以及指標建構方式，茲說明如下。其中，有關建構新指標後的相關統計檢定以及新指標的分布資訊，請參考文中說明。

一、政治信任的測量

A1. 請問您相不相信政府首長在電視或報紙上所說的話？是很不相信、不太相信、還可相信、還是很相信？

A2. 有人說：政府所做的事大多數是正確的，您是不是同意這種說法？

A3. 有人說：政府官員時常浪費老百姓所繳納的稅金，您是不是同意這種說法？

上述三題在表 6-2 的描述性的統計中，我們將其編碼為「信任」與「不信任」兩類，且未將沒有表示具體意見的民眾納入分析。此外，我們在進一步迴歸分析中，將此三個變數重新編碼，按照其對該敘述是否具有信任程度由「很不信任」、「不太信任」、「有點信任」到「非常信任」等四分類，給予 1 分到 5 分的分數。我們進一步將三個變數加總平均，建構為一個對「政府官員信任」的指標，該指標分數的分布為 1 至 5 分，分數愈高表示信任程度愈高。為了便於與其他解釋變數做比較，我們將該分數減去 1 再除以 4，使得新的指標數值分布落 0 與 1 之間。

二、機構信任測量

　　接下來，想請您用 0 ～ 10 來表示您對以下機關的信任程度，0 表示非常不信任，10 表示非常信任，請問（B1 到 B7 問題隨機出現）：

B1. 您對總統的信任程度如何？0 ～ 10 您會給多少？

B2. 您對行政院的信任程度如何？0 ～ 10 您會給多少？

B3. 您對立法院的信任程度如何？0 ～ 10 您會給多少？

B4. 您對法院的信任程度如何？0 ～ 10 您會給多少？

B5. 您對軍隊的信任程度如何？0 ～ 10 您會給多少？

B6. 您對政黨的信任程度如何？0 ～ 10 您會給多少？

B7. 您對媒體的信任程度如何？0 ～ 10 您會給多少？

　　各變數的分布情況參考表 6-2。本研究進一步將七個加總後平均，建構一個 0 到 10 分的「機構信任」指標。同樣地，為了比較分析，我們將該指標的分數在除以 10，新的變數分布介於 0 到 1 之間。

三、經濟表現評估

　　一樣用 0 ～ 10 來表示您對以下各種情況的評估，其中 0 表示非常不好，10 表示非常好，請問：

C1. 整體而言，您覺得台灣目前的經濟狀況如何，0 ～ 10 您會給多少？

　　變數的分布情況參考表 6-3。為了比較分析，我們將變數的分數在除以 10，新的變數分布介於 0 到 1 之間。

四、選舉制度有效性

D1. 如果用 0 ～ 10 來表示您覺得我們國家的選舉可不可以選出我們老百姓要的人？ 0 表示絕對不可以，10 表示絕對可以，請問 0 ～ 10 您會給多少？

D2. 如果用 0 ～ 10 來表示您覺得我們目前的選舉法規對每一個政黨或候選人是否公平？ 0 表示非常不公平，10 表示非常公平，請問 0 ～ 10 您會給多少？

　　各變數的分布情況參考表 6-4。本研究進一步將兩個變數加總後平均，建構一個 0 到 10 分的「選制有效性」的指標。同樣地，為了比較分析，我們將該指標的分數在除以 10，新的變數分布介於 0 到 1 之間。

五、民主價值：制衡觀

E1. 有人說：「為了有效監督政府，我們需要強而有力的在野黨」，請問您同不同意這種說法？（制衡觀）

　　上述題目在表 6-5 的描述性的統計中，我們將其編碼為「具備」與「不具備」兩類，且未將沒有表示具體意見的民眾納入分析。此外，我們在進一步迴歸分析中，將此兩個變數重新編碼，按照其對該敘述是否具有民主價值程度由「很不具備」、「不太具備」、「有點具備」到「非常具備」等四分類，給予 1 分到 5 分的分數。為了便於與其他解釋變數作比較，我們將該分數減去 1 在除以 4，使得新的變數在表八的分析中的數值分布落 0 與 1 之間。

六、民主現狀評估

F1. 如果用 0 ～ 10 來表示台灣現在民主的程度，0 表示非常
　　 獨裁，10 表示非常民主，請問 0 ～ 10 您會給多少？（民
　　 主程度）

F2. 如果用 0 ～ 10 來表示您對台灣目前民主政治實行的滿意
　　 程度？0 表示非常不滿意，10 表示非常滿意，請問 0 ～
　　 10 您會給多少？（民主滿意度）

　　各變數的分布情況參考表 6-6。本研究表 6-7 與表 6-8 中
的統計分析，將次兩個變數做為依變數，其分布為 0 到 10
分，我們運用迴歸分析討論影響民眾對民主評估的因素。

註解

1. TVBS News，2007，〈漢光演習／漢光落幕 四天意外不斷〉，
   TVBS News，5 月 18 日，http://news.tvbs.com.tw/politics/324289，
   檢索日期：2017 年 6 月 10 日。

第七章

沉澱：
不信任的公民與台灣的民主治理

- 壹、台灣民眾政治信任的現況與其政治意涵
- 貳、政治信任與民主善治

　　本書從民眾的政治信任出發，利用 2004 年以來到 2016 年的調查資料，檢視民眾政治信任的起源、政治信任的變化、政治信任的政治後果、政治信任對抗議政治的影響以及將政治信任放在政治支持的理論架構下，檢視政治信任對不同層次政治支持的影響。

　　以下，我們將先整理本書的研究發現，並進一步說明，本研究對於台灣民主政治健全運作的啟示。

壹、台灣民眾政治信任的現況與其政治意涵

　　Dalton（2004: 37）討論西方工業先進國家的政治支持時，發現民眾對於代議機構中的三個 P 的信任低落，分別是**政客**（politicians）、**政黨**（political parties）與**國會**（parliament）。從本書的研究中可以發現：民眾對於政府官員的政治信任持續低落。如果從過去的資料可以發現：在 1992 年到 1998 年的政治信任持續下降，到了 2001 年略有回升，但是 2004 年又再度下滑。本書使用的 TEDS2008 年到 2016 年的資料中發現，民眾政治信任雖然在 2012 年有所回升，不過 2016 年又下跌到 2008 年的程度。

　　我們若是從政治社會化的角度，檢視不同背景民眾政治信任程度，則可以發現：在 2008 年到 2016 年基本上是國民黨執政時期，泛藍支持者的政治信任較高，這包括：大學以上教育程度者、大陸各省市人、軍公教以及在政黨認同上傾向泛藍陣營、在統獨立場上傾向統一者。值得注意的是，政治世代

為 1942 年以前出生的第一代者，政治信任也較高。這可能是相對來說，年輕世代較具批判政府的態度所致。此外，男性在 2008 年與 2016 年的政治信任較高，不過，2012 年時，馬英九競選連任成功，多少也歸因於他能成功地吸引女性選民的支持，所以該年度中不同性別的政治信任並無顯著差異。

此外，民眾的政治信任也像是有色眼鏡，一旦政治信任程度有所不同，對於各項施政評價、選舉支持甚至民主信念都會有所不同。在對未來經濟的展望上，我們發現在 2008 年與 2012 年，信任感愈高的民眾，對台灣未來經濟的展望愈為樂觀。同時，信任感愈高的民眾，在 2012 年與 2016 年對馬英九總統的滿意度愈高。而政治信任對民眾的選舉支持也有重要的影響，在 2008 年到 2016 年期間，信任高的民眾較喜歡國民黨、國民黨提名的總統候選人，當然也轉換成在選舉中的支持。不過，與國外的研究並沒有一致的結果的是：只有在 2012 年，信任感較低者，較傾向支持第三黨候選人，但此一現象在 2016 年消失。國外文獻也發現：較不信任者較不傾向投票，此一現象只有在 2012 年出現，在 2008 年與 2016 年都無此情況。當然，政治信任者他們既然願意信任政府對未來的許諾，自然較不支持分立政府而傾向希望府會由同一政黨主持的一致政府。至於政治信任愈高的民眾，我們發現他們只有在 2008 年堅持民主是最好的政體，2012 年與 2016 年則無此情況。值得一提的是，這一部分的發現是在第四章運用變數一對一的分析（bivariate analysis）所得到的，所以許多其他變數並未加以控制。但是我們在第六章的研究發現則是政治信任

的高低對於他們對民主的滿意度並不相關，而政治信任只有在2009 年時與民主程度的評估，具有顯著的關聯性。上述發現結果看似略有出入，主要是因為第六章是以多元迴歸控制其他變數後，檢視變數之間的關聯性，與第四章使用的統計方法並不太相同。其次，第四章使用的依變數是「堅持民主是最好的政體」，但是第六章的主要依變數是對「民主的滿意度」以及「評估民主程度」，幾個變數或是模型之間並不一致，所以讀者要特別注意。

政治信任雖然是民眾對於政府善治的期望，但是一旦政府執政讓民眾失望，政治信任低落的民眾，會不會轉而採取抗議政府的行動？本研究發現，透過政治信任與政治效能感的交互影響，可能會將民眾不滿的情緒轉化成抗議行動的動力。在「倒扁運動」中，政治不信任的「政治抗議型」（效能感高）或是「政治疏離型」（效能感低）的民眾會支持倒扁活動，而政治信任高且政治效能高的「政治忠誠型」民眾，則會力挺當時執政的陳水扁總統，而支持「挺扁」活動。我們觀察 2014年的太陽花學運，運用大學生政治社會化的調查資料也發現；政治信任高但是效能感低的「政治順從型」大學生，是最不支持「太陽花學運」的。因此，政治信任對於民眾對政治抗議行動的態度，也會有所影響。

我們也進一步檢視，民眾政治信任民主程度的評估以及民主滿意度上，有沒有重要的影響。與國外的研究大致符合的是，政治信任屬於對於政治權威的支持，但是，對於民主運作則是屬於對典章制度的評價，所以，控制其他變數之後，我們

發現政治信任高低與民主滿意度之間並不存在統計上的顯著關係。倒是對於典章制度信任程度的機構信任、經濟表現評估、選舉制度的有效性，是影響民眾民主滿意度的重要關鍵。

貳、政治信任與民主善治

　　從本書第三章到第六章的分析，我們發現：政治信任與權威當局密切相關。政治信任高的民眾，他們是執政黨的支持者，也擁護一致政府。當然，當執政當局出現重要的政治爭議，像是 2006 年陳水扁總統的貪腐傳聞或是 2014 年對馬英九總統過於「傾中」而反彈的「太陽花學運」，我們可以看到，不信的民眾挺身反對執政當局，但是信任者仍然是執政當局忠誠的擁護者。因此，政治信任不僅是民眾對政府善治的信念，它也有機會進一步轉換成對於執政當局政權的捍衛者。

　　當我們看到這個情況其實一則以喜一則以憂。喜的是，**善治的執政當局，得到民眾高度信任**，而得以持續推動也許「短空長多」的重要政策。憂的是，**從 1992 年以來，台灣民眾對執政當局的政治信任持續低迷**，除了 2012 年馬英九總統連任成功後短期的回升外，目前還看不出重要反彈點。民眾的不信任，當然讓執政當局在重要政策上的裁量空間大幅限縮，也制約政府重要政策的施展空間。不過，從上述的研究發現，我們看到另外一個較好的消息是：在控制其他變數之後，政治信任與民眾對於民主政治的典章制度層面的關聯性不高。換言之，如果國外學者的爭論一樣：政治信任感低落也許對於民主善治

並不具直接相關性。只要出現一個好的政治領導者，甚至重要的事件，民眾對於執政當局的政治信任馬上回升。

參考文獻

一、中文參考資料

王甫昌，1997，〈台灣民主政治與族群政治的衝突〉，載於《民主的鞏固或崩潰：台灣二十一世紀的挑戰》，游盈隆主編，台北：月旦。

牛銘實，2008，《2008年兩岸關係和國家安全民意調查》，美國杜克大學委託，政治大學選舉研究中心執行。

朱雲漢，2012，《2009年至2012年『選舉與民主化調查』三年期研究規劃（3/3）：2012年總統與立法委員選舉面訪案》，計畫編號：NSC 100-2420-H-002-030，台北：行政院國家科學委員會補助專題研究計畫成果報告。

江文孝，2005，《政治疏離感對民眾政治參與的影響》，政治大學政治學系碩士論文。

吳乃德，1992，〈國家認同和政黨支持：臺灣政黨競競爭的社會基礎〉，《中央研究院民族學研究所集刊》74：33-61。

吳乃德，2005，〈麵包與愛情：初探台灣民眾民族認同的變動〉，《台灣政治學刊》9（2）：5-39。

吳玉山，1999，〈台灣的大陸經貿政策：結構與理性〉，載於《爭辯中的兩岸關係理論》，包宗和、吳玉山主編，頁153-210，台北：五南圖書。

吳玉山，2001，〈兩岸關係中的中國意識與台灣意識〉，《中國事務》（4）：71-89。

吳重禮，2000，〈美國「分立性政府」與「一致性政府」體制運作之比較研究與評析〉，《政治科學論叢》9：61-90。

吳重禮、湯京平、黃紀，1999，〈我國「政治功效意識」測量之初探〉，《選舉研究》6（2）：23-44。

吳親恩，2007，〈台灣民眾政治信任的差異：政治人物、政府與民主體制三個面向的觀察〉，《台灣政治學刊》11（1）：147-200。

林佳龍，1989，〈威權侍從政體下的臺灣反對運動－民進黨社會基礎的政治解釋〉，《臺灣社會研究季刊》2（1）：117-143。

林佳龍，2000，〈臺灣民主化與政黨體系的變遷：菁英與群眾的選舉連結〉，《台灣政治學刊》4：3-56。

林嘉誠，1984，〈七十二年選舉行為之研究〉，《政治學報》12：123-188。

林嘉誠，1985，〈政黨支持的因素分析〉，《政治學報》13：131-167。

林聰吉（2007），〈解析台灣的民主政治：以民主支持度與滿意度為觀察指標〉，《選舉研究》14（1）：61-84。

胡佛，1988，〈臺灣地區民眾政治參與的態度：系統功能的權力價值取向〉，載於《變遷中的臺灣社會》，楊國樞、瞿海源主編，台北：中央研究院民族研究所。

胡佛、游盈隆，1984，〈選民的黨派選擇：態度取向及個人背景的分析〉，中國政治學會七十二年會暨學術討論會，台北：中國政治學會。

徐火炎，1992，〈民主轉型過程中政黨的重組：臺灣地區選民的民主價值取向、政黨偏好與黨派投票改變之研究〉，《人

文及社會科學集刊》5（1）：213-263。

徐火炎，1993，〈選舉競爭與政治分歧結構的變遷：國民黨與
　　民進黨勢力的消長〉，《人文及社會科學集刊》6（1）：
　　37-74。

徐火炎，1996，〈臺灣選民的國家認同與黨派投票行為：
　　一九九一至一九九三年間的實證研究結果〉，《台灣政治
　　學刊》1：85-127。

徐火炎，1998，〈臺灣的選舉與社會分歧結構：政黨競爭與民
　　主化〉，載於《兩岸基層選舉與政治社會變遷》，陳明通、
　　鄭永年主編，頁127-198，台北：月旦。

徐火炎，2003，《台灣政治轉型中的政治疏離感：從分析
　　2002年北高兩市的市長選舉資料的結果來看》，論文發表
　　於「2002年台灣選舉與民主化調查國際學術研討會」。台
　　北：政治大學選舉研究中心主辦，11月2日。

徐永明，2001，〈『南方政治』的形成？－臺灣政黨支持的
　　地域差別，1994-2000〉，《社會科學季刊》2（4）：167-
　　196。

徐永明、范雲，2001，〈『學作』臺灣人：政治學習與臺灣認
　　同的變遷軌跡，1986-1996〉，《台灣政治學刊》5：1-63。

徐永明、陳明通，1998，〈搜尋臺灣民眾統獨態度的動力：一
　　個個體動態模型的建立〉，《台灣政治學刊》3：65-114。

袁頌西、陳德禹，1988，〈臺灣地區民眾的政治文化：系統結
　　構的權力價值取向〉，載於《變遷中的臺灣社會》，楊國
　　樞、瞿海源主編，台北：中央研究院民族所。

翁秀琪、孫秀蕙，1995，〈性別政治？從民國八十二年臺灣地區縣、市長選舉看性別、傳播與政治行為〉，《新聞學研究》51：87-111。

耿曙、陳陸輝，2003，〈兩岸經貿互動與臺灣政治版圖：南北區塊差異的推手？〉，《問題與研究》42（6）：1-27。

高安邦，2005，《二○○四年台灣民主指標調查》，財團法人台灣民主基金會委託研究報告，台北：國立政治大學選舉研究中心。

盛杏湲，2002，〈統獨議題與臺灣選民的投票行為〉，《選舉研究》9（1）：41-80。

盛杏湲，2010，〈臺灣選民政黨認同的穩定與變遷：定群追蹤資料的應用〉，《選舉研究》17（2）：1-33。

盛杏湲、陳義彥，2003，〈政治分歧與政黨競爭：2001年立法委員選舉的分析〉，《選舉研究》10（1）：7-40。

盛治仁，2003，〈台灣民眾民主價值及政治信任感研究－政黨輪替前後的比較〉，《選舉研究》10（1）：115-169。

郭秋永，1991〈抽象概念的分析與測量：「政治功效感」的例釋〉，載於《第二屆美國文學與思想研討會論文集》，方萬全，李有成主編，頁305-342，台北：中央研究院美國文化研究所。

郭秋永，2001，《當代三大民主理論》，台北：聯經。

陳文俊，1995，〈統獨議題與選民的投票行為民國八十三年省市長選舉之分析〉，《選舉研究》2（2）：99-136。

陳陸輝，2000，〈台灣選民政黨認同的持續與變遷〉，《選舉研究》7（2）：109-141。

陳陸輝，2002，〈政治信任與台灣地區選民投票行為〉，《選舉研究》9（2）：65-84。

陳陸輝，2003，〈政治信任、施政表現與民眾對台灣民主的展望〉，《台灣政治學刊》7（2）：149-188。

陳陸輝，2006，〈政治信任的政治後果－以2004年立法委員選舉為例〉，《台灣民主季刊》3（2）：39-62。

陳陸輝，2007，〈民眾對中央和地方政府的政治信任對其縣市長選舉的影響〉，《政治學報》43：43-70。

陳陸輝，2011，《台灣民眾政治支持的研究：概念、測量與應用》，行政院國家科學委員會專題研究計畫成果報告，計畫編號：NSC 97-2410-H-004-097-MY3。

陳陸輝，2015，《我國大學生政治社會化的定群追蹤研究（4/）》，計畫編號：NSC100-2628-H-004-084-MY4，台北：科技部補助專題研究計畫。

陳陸輝、王宏忠，2013，〈政治信任的問卷設計與測量〉，載於《台灣選舉與民主化調查（TEDS）方法論之回顧與前瞻》，黃紀主編，台北：五南圖書。

陳陸輝、耿曙，2008，〈政治效能感與政黨認同對選民投票抉擇的影響－以2002年北高市長選舉為例〉，《臺灣民主季刊》5（1）：87-118。

陳陸輝、連偉廷，2008，〈知性、黨性與資訊：臺灣民眾政治效能感的分析〉，《臺灣民主季刊》5（3）：121-156。

陳陸輝、陳奕伶，2014，〈兩岸關係與台灣民眾政治支持的解析〉，《民主與治理》1（1）：87-109。

陳陸輝、陳映男，2013，〈臺灣政黨選民基礎的持續與變遷〉，載於《2012年總統與立法委員選舉：變遷與延續》，陳陸輝主編，頁125-56，台北：五南圖書。

陳陸輝、劉嘉薇，2006〈資訊、媒體與民主成熟度、民主滿意度的評估〉，載於《政治與資訊的對話》，張錦隆、孫以清主編，頁227-249，台北：揚智。

陳義彥，1986，〈我國投票行為研究的回顧與展望〉，《思與言》23（6）：557-585。

陳義彥，1993，《選舉行為與台灣地區的政治民主化：從第二屆立法委員選舉探討》。行政院國家科學委員會專題研究計畫，計畫編號：NSC 82-0301-H004-034。

陳義彥，1994，〈我國選民投票抉擇的影響因素－從民國82年縣市長選舉探析〉，《政治學報》23：81-132。

陳義彥，1996，〈不同族群政治文化的世代分析〉，《政治學報》27：83-121。

陳義彥、陳陸輝，2003，〈臺灣民眾的統獨觀〉，《中國大陸研究》46（5）：1-20。

陳義彥、蔡孟熹，1997，〈新世代選民的政黨取向與投票抉擇－首屆民選總統的分析〉，《政治學報》29：63-91。

黃秀端，1994，〈經濟情況與選民投票抉擇〉，《東吳政治學報》3：1-38。

黃秀端，1995，〈一九九四年省市長選舉選民參與競選活動之分析〉，《選舉研究》2（1）：51-76。

黃秀端，1996，〈決定勝負的關鍵：候選人特質與能力在總統選舉中的重要性〉，《選舉研究》3（1）：47-85。

黃秀端、趙湘瓊，1996，〈臺灣婦女近十年來政治態度的變遷－民國七十二年至八十一年〉，《問題與研究》35（10）：71-95。

黃紀，2016，《2012年至2016年「台灣選舉與民主化調查」四年期研究規劃（4/4）：2016年總統與立法委員選舉面訪案（TEDS2016）》。計畫編號：NSC101-2420-H-004-034-MY4，台北：行政院國家科學委員會補助專題研究計畫成果報告。

傅恆德，1994，〈政治文化與投票行為：民國七十八年立委和八十年國大代表選舉〉，《選舉研究》1（2）：27-51。

楊國樞，1988，〈臺灣民眾的疏離感及其先決因素〉，載於《變遷中的臺灣社會》，楊國樞、瞿海源主編，台北：中央研究院民族研究所。

楊婉瑩，2007，〈政治參與的性別差異〉，《選舉研究》14（2）：53-94。

楊婉瑩、李冠成，2011，〈一個屋簷下的性別權力關係對國家認同的影響〉，《選舉研究》18（1）：95-137。

楊婉瑩、林珮婷，2010，〈她們為什麼投給馬英九？探討2008年總統大選的性別差距〉，《選舉研究》17（1）：91-128。

楊婉瑩、劉嘉薇，2009，〈探討統獨態度的性別差異：和平戰爭與發展利益的觀點〉，《選舉研究》16（1）：37-66。

鄭夙芬、陳陸輝、劉嘉薇，2008，〈選舉事件與政治信任：以 2004 年總統選舉為例〉，《問題與研究》47（3）：29-50。

游清鑫，2002，〈政黨認同與政黨形象〉，《選舉研究》9（2）：85-114。

游清鑫，2006，《「民主運動與公民意識」電話調查》，中央研究院人文社會科學研究中心的政治思想研究專題中心，政治大學選舉研究中心執行。

游清鑫，2008，《2005 年至 2008 年「選舉與民主化調查」四年期研究規劃（IV）：民國九十七年總統大選民調案》，計畫編號：NSC 96-2420-H-004-017，行政院國家科學委員會補助專題研究計畫成果報告。

劉義周，1994，〈臺灣選民政黨形象的世代差異〉，《選舉研究》1（1）：53-74。

劉義周，1995，〈臺灣新政黨體系〉，《問題與研究》34（10）：1-10。

劉嘉薇，2013，〈2012 年總統選舉選民投票抉擇：候選人、性別與政黨認同的觀點〉，載於《2012 年總統與立法委員選舉：變遷與延續》，陳陸輝主編，台北：五南圖書。

二、英文參考資料

Aberbach, Joel D. 1969. "Alienation and Political Behavior." *American Political Science Review* 63 (1): 86-99.

Abramson, Paul R. 1983. *Political Attitudes in American: Formation and Change*. San Francisco: W. H. Freeman and Company Press.

Almond, Gabriel A., and Sidney Verba. 1963. *The Civic Culture*. Princeton, N. J.: Princeton University Press.

Berelson, Bernard R., Paul F. Lazarsfeld, and William N. McPhee. 1954. *Voting*. Chicago: University of Chicago Press.

Bobo, Lawrence, and Franklin D. Gilliam, Jr. 1990. "Race, Sociopolitical Participation, and Black Empowerment." *American Political Science Review* 84 (2): 377-93.

Campbell, Angus, Philip E. Converse, Warren E. Miller, and Donald E. Stokes. 1960. *The American Voter*. New York: John Wiley & Sons.

Campbell, Angus, Gerald Gurin, and Warren E. Miller. 1954. *The Voter Decides*. Evanston, Ill.: Row Peterson.

Chanley, Virginia A. 2002. "Trust in Government in the Aftermath of 9/11: Determinants and Consequences." *Political Psychology* 23 (3): 469-83.

Chang, G. Andy and T. Y. Wang. 2005. "Taiwanese or Chinese? Independence or Unification? An Analysis of Generational Differences in Taiwan." *Journal of Asian & African Studies* (40): 29-49.

Chu, Yun-han, and Tse-min Lin. 1996. "The Process of Democratic Consolidation in Taiwan: Social Cleavage, Electoral Competition, and the Emerging Party System." In *Taiwan's Electoral Politics and Democratic Transition: Riding the Third Wave*, ed. Hung-mao Tien. Armonk, New York: M. E. Sharpe Press.

Citrin, Jack. 1974. "Comment: The Political Relevance of Trust in Government." *American Political Science Review* 68: 973-88.

Citrin, Jack, and Donald Philip Green. 1986. "Presidential Leadership and the Resurgence of Trust in Government." *British Journal of Political Science* 16 (4): 431-53.

Citrin, Jack, Herbert McClosky, and Paul M. Sniderman. 1975. "Personal and Political Sources of Political Alienation." *British Journal of Political Science* 5: 1-31.

Citrin, Jack, and Christopher Muste. 1999. "Trust in Government." In *Measures of Political Attitudes*. John P. Robinson, Philip R. Shaver, and Lawrence S. Wrightsman. eds. Cal.: San Diego Press.

Corcuff, Stephane, ed. 2002. *Memories of the Future: National Identity Issues & the Search for a New Taiwan*. Armonk, NY: M. E. Sharpe.

Dalton, Russell J. 1999. "Political Support in Advanced Industrial Democracies." In *Critical Citizens: Global Support for Democratic Governance*. Pippa Norris, ed. New York: Oxford University Press.

Dalton, 2004. *Democratic Challenges, Democratic Choices: The Erosion of Political Support in Advanced Industrial Democracies*. New York: Oxford University Press.

Downs, Anthony. 1957. *An Economic Theory of Democracy*. New York: Harper & Row.

Duch, Raymond M.. 2001. "A Development Model of Heterogeneous Economic Voting in New Democracies." *American Political Science Review* 95 (4): 895-910.

Easton, David. 1957. "An Approach to the Analysis of Political Systems." *World Politics* 9 (3): 383-400.

Easton, 1965. *A Systems Analysis of Political Life*. Chicago and London: The University of Chicago Press.

Easton, 1975. "A Re-Assessment of the Concept of Political Support." *British Journal of Political Science* 5: 435-457.

Feldman, Stanley. 1983. "The Measurement and Meaning of *Political Trust."* *Political Methodology* 9 (3): 341-54.

Finifter, Ada W. 1970. "Dimensions of Political Alienation." *American Political Science Review* 64 (2): 389-410.

Fiorina, Morris P. 1981. *Retrospective Voting in American National Elections*. New Haven and London: Yale University Press.

Gamson, William A. 1968. *Power and Discontent*. Homewood, IL: Dorsey Press.

Hetherington, Marc J. 1998. "The Political Relevance of Political Trust." *American Political Science Review* 92 (4): 791-808.

Hetherington, Marc J. 1999. "The Effect of Political Trust on the Presidential Vote, 1968-96." *American Political Science Review* 93 (2): 791-808.

Hetherington, Marc J. 2005. *Why Trust Matters: Declining Political Trust and the Demise of American Liberalism*. Princeton, NJ: Princeton University Press.

Hibbing, John R., and Elizabeth Theiss-Morse. 2001. "Process Preference and American Politics: What the People Want Government to Be." *American Political Science Review* 95 (1): 145-53.

Iyengar, Shanto. 1980. "Subjective Political Efficacy as a Measure of Diffuse Support." *Public Opinion Quarterly* 44 (2): 249-256.

Jennings, M. Kent, 1981. *Generations and Politics: A Panel Study of Young Adults and Their Parents.* Princeton, N. J.: Princeton University Press.

Jennings, M. Kent, and Herbert Niemi. 1974. *Political Character of Adolescence: The Influence of Family and School.* Princeton, N. J.: Princeton University Press.

Kasse, Max, and Kenneth Newton. 1995. *Beliefs in Government.* New York: Oxford University Press.

Kinder, D. R. and D. R. Kiewiet.1981. "Sociotropic Politics: The American Case." *British Journal of Political Science* 2: 129-161.

Klingermann, Hans-Dieter, and Dieter Fuchs. eds. 1995. *Citizens and the State.* Oxford, New York: The Oxford.

Kornberg, Allan, and Harold D. Clarke. 1992. *Citizens and Community: Political Support in a Representative Democracy.* Cambridge: Cambridge University Press.

Kramer, Gerald H.. 1983. "The Ecological Fallacy Revisited: Aggregate-versus Individual-level Findings on Economics and Elections, and Sociotropic Voting." *American Political Science Review* 77 (1): 92-111.

Keng, Shu, Lu-huei Chen, and Kuan-bo Huang. 2006. "Sense, Sensitivity, & Sophistication in Shaping the Future of Cross-Strait Relations." *Issues & Studies* 42 (4): 23-66.

Lane, Robert. 1962. *Political Ideology.* New York: The Free Press.

Lewis-Beck, Michael S. 1984. "The Economics of Politics in Comparative Perspective: An Introduction." *Political Behavior* 6 (3): 205-210.

Lewis-Beck, Michael S. 1988. *Economics and Elections: The Major Western Democracies*. Ann Arbor: University of Michigan Press.

Lin, Tse-min, Yun-han Chu, and Melvin J. Hinich. 1996. "Conflict Displacement and Regime Transition in Taiwan: A Spatial Analysis." *World Politics* 48 (4): 453-481.

Lipset, Seymour Martin. 1981. *Political Man*. Baltimore, Maryland: The Johns Hopkins University Press.

Listhaug, Ola. 1995. "The Dynamics of Trust in Politicians." In Hans-Dieter Klingermann and Dieter Fuchs. eds.. *Citizens and the State*. Oxford, New York: The Oxford.

Listhaug, Ola. and Matti Wisberg. 1995. "Confidence in Political and Private Institutions." In Hans-Dieter Klingermann and Dieter Fuchs. eds.. *Citizens and the State*. Oxford, New York: The Oxford.

McClosky, Herbert. 1964. "Consensus and Ideology in American Politics." *American Political Science Review* 58 (2): 361-382.

Marra, Robin F, and Charles W. Ostrom, Jr., 1989, "Explaining Seat Change in the U. S. House of Representatives." *American Journal of Political Science* 33: 541-569.

Miller, Arthur. 1974. "Political Issues and Trust in Government: 1964-1970." *American Political Science Review* 68 (3): 951-72.

Myers, R. Hawley, and Jialin Zhang. 2006. *Struggle across the Taiwan Strait: The Divided China Problem*. Stanford, CA: Hoover Institution Press.

Mueller, John E. 1973. *War, Presidents and Public Opinion*. New York: John Wiley & Sons, Inc.

Niou, Emerson M. S. 2005. "A New Measure of Preferences on the

Independence-Unification Issue in Taiwan." *Journal of Asian & African Studies* (40): 91-104.

Norris, Pippa. 1999. *Critical Citizens: Global Support for Democratic Governance*. ed. New York: Oxford University Press.

Prothro, James W., and Charles W. Grigg. 1960. "Fundamental Principles of Democracy: Bases of Agreement and Disagreement." *Journal of Politics* 22 (2): 276-294.

Ostrom, Charles W., and Dennis M. Simon, 1985, "Promise and Performance: A Dynamic Model of Presidential Popularity," *American Political Science Review* 78: 334-358.

Rosenstone, Steve J., and John Mark Hansen. 1993. *Mobilization, Participation, and Democracy in America*. New York: Macmillan.

Scholz, John T., and Mark Lubell. 1998. "Trust and Taxpaying: Testing the Heuristic Approach to Collective Action." *American Journal of Political Science* 42 (2): 398-417.

Seeman, Melvin. 1959. "On the Meaning of Alienation." *American Sociological Review* 24 (6): 783-91.

Stouffer, Samuel. 1956. *Communism, Conformity, and Civil Liberties*. New York: Doubleday Press.

Wahlke, John C. 1971. "Policy Demands and System Support: the Role of the Represented." *British Journal of Political Science* 1 (3): 271-90.

Wang, T. Y. 2001. "Cross-Strait Relations after the 2000 Election in Taiwan: Changing Tactics in a New Reality." *Asian Survey* 41 (5): 716-36.

Wang, T. Y. 2005. "Extended Deterrence and US Policy towards the Taiwan Issue: Implications for East Asia and Taipei." *Taiwan Defense Affairs* 6 (1): 176-195.

Wang, T. Y. and Lu-huei Chen. 2008. "Political Tolerance in Taiwan: Democratic Elitism in a Polity under Threat." *Social Science Quarterly* 89 (3): 781-801.

Wang, T. Y., Su-feng Cheng, and Lu-huei Chen. 2009. "Deep Green Supporters and Political Tolerance in Taiwan: An Analysis of Kennedy's Hypothesis in a Democracy under Stress." *Issues & Studies* 45 (1): 1-30.

Williams, John T. 1985. "Systemic Influence on Political Trust: The Importance on Perceived Institutional Performance." *Political Methodology* 11 (1-2): 125-42.

Wu, Yu-Shan. 2004. "Review of 'The China Threat: Perceptions, Myths and Reality'." *Europe-Asia Studies* 56 (1): 178-179.

Yu, Ching-hsin. 2005. "The Evolving Party System in Taiwan, 1995-2004." *Journal of Asian & African Studies* (40): 105-23.

附錄

本書創作來源

　　本專書之主要創作來源為科技部補助之人文及社會科學專題研究計畫研究成果，內容包含如下：

計畫年度	主持人姓名	執行機構	計畫名稱
93 年度	陳陸輝	國立政治大學選舉研究中心	台灣民眾政治信任的起源及其政治後果」（計畫編號：NSC 93-2414-H-004-037-SSS）

國家圖書館出版品預行編目資料

信心危機：台灣民眾的政治信任及其政
治後果／陳陸輝著. －－初版.－－臺北
市：五南, 2018.07
　　面；　公分. －（政黨選舉與比較選舉
制度；2）
ISBN 978-957-11-9769-2（平裝）

1.政治心理學　2.公民　3.臺灣政治

570.14　　　　　　　　　　107008726

1PMB

信心危機：台灣民眾的政治信任及其政治後果

作　　者 — 陳陸輝

發 行 人 — 楊榮川

總 經 理 — 楊士清

副總編輯 — 劉靜芬

責任編輯 — 蔡琇雀　呂伊真　吳肇恩　林晏如

封面設計 — 姚孝慈

出 版 者 五南圖書出版股份有限公司

地　　址：106台北市大安區和平東路二段339號4樓

電　　話：(02)2705-5066　　傳　真：(02)2706-6100

網　　址：http://www.wunan.com.tw

電子郵件：wunan@wunan.com.tw

劃撥帳號：01068953

戶　　名：五南圖書出版股份有限公司

法律顧問　林勝安律師事務所　林勝安律師

出版日期　2018年7月初版一刷

定　　價　新臺幣320元

本書內容所使用照片為 Shutterstock 圖庫提供。